PUERTO RICO TURISTICO
-Guía de viajes para Puerto Rico-

Héctor L. Sánchez Martínez

PUERTO RICO TURISTICO

-Guía de viajes para Puerto Rico-

PUBLICACIONES PUERTORRIQUEÑAS, INC.

Tercera edición, 1995
Segunda edición , 1993
Primera edición, 1992

Publicaciones Puertorriqueñas, Inc.

ISBN 0-929441-44-3

Editor	: Andrés Palomares
Diseño Editorial	: Eva Gotay Pastrana
Composición	: Haydeé Gotay Pastrana
Fotógrafos	: Janis Palma
	Alberto Osorio
	Osvaldo García Goyco
	Gonzalo de León
	Manuel Camacho
	Prof. Antonio Sánchez Gaetán
	Hiram Sánchez Martínez
Foto Portada	: Janis Palma

* Se entiende por: "No reconocidos por la Compañía de Turismo", que la facilidad, al momento de la redacción, de la presente edición, no estaba comprometida dentro de la reglamentación de la agencia mencionada.

Impreso en Colombia por:
EDITOLASER
A.A. 34905 Fax (57-1) 2016780

Publicaciones Puertorriqueñas, Inc.
PO Box 195064 San Juan, Puerto Rico 00919-5064
Tel. 759-9673 Fax 250-6498

INDICE

DEDICATORIA

*A mi hijo Héctor Fidel y mi ahijada Pamela Enid,
herederos y custodios de un singular tesoro: Puerto Rico.*

AGRADECIMIENTOS

Deseamos agradecer la ayuda y el apoyo de las personas que desinteresadamente colaboraron de alguna manera con nosotros en la elaboración de este trabajo.

Al Lic. José Martínez Oquendo, quien escribió el prólogo; el ha sido y es nuestro inspirador y maestro perpetuo.

A Walter, Griselle y Jaysa Ortíz, quienes con gran devoción y alto sentido de profesionalismo, corrigieron y elaboraron el primer prototipo del libro.

A Lydia Negrón, Gerente de Ventas, Paradores Puertorriqueños le agradezco que me estimulara el sacar de la gaveta este proyecto y darle forma definitiva.

Agradecemos, además:

Sr. Luis "Tito" Alvarez	Ex-Director de Turismo Interno Compañía de Turismo de Puerto Rico
Sr. Norman Veve	Precursor de la Espeleología en Puerto Rico
Hemeregildo Ortíz	Ex-Secretario de Obras Públicas
Sr. Salvador Soto	Sub-Director Oficial Comunicaciones y Prensa Compañía de Turismo de Puerto Rico
Lic. Arlyn Alcaraz	Asesor Legal Compañía de Turismo de Puerto Rico
Arql. Osvaldo García Goyco	Consultor en Arqueología
Prof. Luz D. Rodríguez	Departamento de Turismo, Benedict School
Prof. María González	Departamento de Turismo, Benedict School
Prof. Pedro J. Tocuyo	Departamento de Turismo, Benedict School
Prof. Rosa Hilera	Departamento de Turismo, Benedict School

Srta. Elsa Rivera	Promotora de Empleos Benedict School
Sra. Aida Franco	Orientadora Benedict School
Gonzalo de León	Guía Turístico
Myrna Sánchez	Guía Turístico
Liliam Dávila	Guía Turístico, Jardín Botánico de Puerto Rico
Héctor Santiago	Conservacionista, Instituto de Cultura

Especial mención a Zoé Ramírez y Jesús Rivera colaboradores en el proceso de la redacción de este libro.

Finalmente agradezco la inspiración y reto de mis padres, hermanos y de mi compañera Myrna.

Para comentarios, recomendaciones y/o coordinación de excursiones:

Héctor L. Sánchez
Calle Soller #528
Matienzo Cintrón
Río Piedras, P.R. 00923

Tel. 748-7483   767-4023
Beeper - 250-0140 unidad - 11870

PROLOGO

Puerto Rico, sinónimo de cielos claros, azules mares, blancas playas, verdes montañas, sinuosos ríos, impresionantes parajes naturales, y de un pueblo amable con un particular acervo cultural. Son éstos algunos de los atributos de nuestro país y que los ofrece al que se interesa en visitarlo y descubrirlo.

Es como resultado de ese descubrimiento de las bellezas naturales y los valores culturales de Puerto Rico, que surge el deseo de compartir con nuestra gente y con los que nos visitan las experiencias vividas y la información obtenida.

Información de primera mano que durante más de diez años se ha estado recopilando a través de muchos viajes de estudio, de entrevista con historiadores y visitas a cada uno de los pueblos de Puerto Rico.

Información que se estima es necesaria para llenar aquellos espacios carentes de información de interés turístico, y contribuir al proceso de promoción y divulgación de nuestro acervo turístico.

La presente obra, que lleva por título "Puerto Rico Turístico (Guía de viajes para Puerto Rico)", es una herramienta diseñada por su autor para llevar al público una información básica de interés turístico relacionada a todos y cada uno de los 78 municipios que comprenden el suelo borincano.

Es además un ágil inventario turístico y de fácil manejo que sin duda será de utilidad para los guías turísticos, los consultores y los profesionales del haber turístico. Especialmente será de utilidad para personas interesadas en conocer y descubrir a Puerto Rico.

Claro está, la obra no pretende ser una de carácter científico ni estadístico, y sí una expresión sencilla pero específica de la información turística de cada uno de los pueblos de Puerto Rico.

Este trabajo es el producto del desempeño del autor, Héctor L. Sánchez Martínez, en su capacidad de guía turístico, consultor y profesor de turismo, con la colaboración de Jesús Rivera, y Zoe Ramírez, Director él y profesora ella, del Departamento de Líneas Aéreas y Turismo de Benedict School.

Así también se contó con la colaboración de los estudiantes de la Escuela Hotelera y de la Benedict School, y de compañeros de trabajo y guías de la empresa Viajes Educativos Attabeira, especialmente de su presidente y hermano Hiram Sánchez Martínez.

La información de interés contenida en la obra "Puerto Rico Turístico" incluye el nombre del municipio y su cognomento o renombre que ha adquirido el pueblo por notables circunstancias o acaecimientos, como por ejemplo, el pueblo de Hatillo, cuyo cognomento es "El pueblo sin sopa".

Así también se incluye la fecha de fundación del pueblo y su población según el censo oficial de 1990.

Cabe destacar que se hace formar parte de la información básica el número telefónico de la casa Alcaldía de cada municipio de manera que las personas interesadas en visitar o conocer más en detalle información sobre dicha municipalidad, lo hagan por la vía telefónica, ahorrando tiempo y logrando una mejor planificación de su viaje.

Consta además la obra, con una valiosa información histórica que destaca aquellos sucesos y aquellos valores naturales y culturales que identifican a ese municipio.

En cuanto a otra información turística más especifica, ésta "Guía de Viajes para Puerto Rico" ofrece los accesos y carreteras principales hacia cada municipio desde sus cuatros puntos cardinales.

Así también relaciona de forma detallada los lugares de interés turísticos que posee cada pueblo y nos ofrece el nombre de cada una de las hospederías, hoteles y restaurantes que están disponibles para el visitante en ese municipio.

Finalmente, esta obra hace mención, para cada uno de los 78 municipios de Puerto Rico, de cuales son las fiestas de pueblo y cuales son los ríos que bañan ese territorio municipal.

Esta "Guía de viajes para Puerto Rico" es un intento además, de educar mediante la más acertada y actualizada información, sobre los valores turísticos de muchos de nuestros municipios que le son atribuídos a otros municipios o que son compartidos con otros aledaños. Como ejemplo basta con señalar que la "Guía de viajes para Puerto Rico" en relación al Municipio de Hatillo, expresa que bajo su territorio se encuentra gran parte del Sistema de Cavernas del Río Camuy y que la porción de ese sistema de cavernas hasta ahora más importante desde el punto de vista de desarrollo turístico, también se encuentra en Hatillo. Esta información rectifica la creencia popular de que dicho sistema de cavernas discurre y se encuentra todo bajo el territorio del municipio de Camuy.

En síntesis, somos de la opinión, que la obra "Puerto Rico Turístico" viene a satisfacer la necesidad del turista local y del visitante de tener a su disposición una información turística de rápido manejo, fácil comprensión y acertada.

El uso adecuado de esta información le permitirá a usted y al visitante descubrir desde el punto de vista turístico la fascinante tierra puertorriqueña.

Lcdo. José A. Martínez Oquendo

Julio 1992

Héctor L. Sánchez Martínez, joven guía turístico, profesor y consultor de turismo. Preside la Corporación de Planificación de Desarrollo Turístico de P.R., Inc. (COPLADET) y es sub-director de Viajes Educativos Attabeira. Ha dictado cursos en la Escuela Hotelera y Benedict School. Actualmente dirige un programa de educación turística y es mantenedor del programa Radio Turismo 940AM (WIPR) a.m. y de la sección P.R. Turístico en el programa matutino "TU MAÑANA" Canal 11 (WLII).

ADJUNTAS

"LA CIUDAD DEL GIGANTE DORMIDO"

"TIERRA DE LAGOS"

Alcaldía (809) 829-3310

Fecha de Fundación: 1815 *Población: 19,451 (1990)*

Si te encuentras viajando por la Cordillera Central se te hará muy fácil identificar este pueblo al verlo enclavado entre verdes y altas montañas, protegido por un inmenso gigante acostado. Este efecto se logra por la topografía de la cadena de montañas que presentan la silueta, conocida como "El Gigante Dormido". En sus suelos habitaron grupos aborígenes atraídos por sus cuerpos de agua, sus tierras fértiles, sus constantes lluvias, y su clima frío. La altura les ayudaba a prevenir cualquier ataque enemigo, desde lugares como una de las montañas más altas del país: Monte Guilarte.

Este típico pueblo montañoso puertorriqueño es Tierra de lagos* del Bosque Guilarte, del café, de la cidra y del oro. Este último de buena calidad y en grandes cantidades, pero no explotado. Muchos colonos españoles se establecieron en el área y fundaron con el pasar de los años una rústica aldea. Estos ganaderos, caficultores, comerciantes y agricultores le dan un gran impulso a la economía de la región. Se conocía el área como "las tierras ADJUNTAS a la Villa de San Blas de Illescas", al cual formaba parte, pero sus moradores le llamaban sencillamente: ADJUNTAS.

---

*En Puerto Rico no hay lagos, sino embalses. Es decir ríos represados por el hombre.

ACCESOS

Norte: Utuado; PR 10
Este: Utuado PR 10 Ponce; PR 10
Oeste: Lares PR 129 Yauco; PR 128 - PR 135*
Sur: Yauco; PR 128 - PR 135*
         Guayanilla - N/A
         Peñuelas - N/A
Ríos: Guilarte, Tanamá, Arecibo, Pellejas, Cidra y Limaní.

LUGARES DE INTERES

Monte Guilarte
Mirador de Vegas Arriba
La Piedra Escrita
Hacienda El Muerto
Hacienda La Arbela
Ruinas de las haciendas Pietri y Bareal
Complejo Recreativo Guarionex
Reserva Forestal Guilarte
Hacienda Oliver
Hacienda Forgueras
Poblado Castañer (compartido con Lares)
Ruinas Central Pellejas
Centro del Pueblo y Plaza

Embalses: Garzas, Adjuntas, Yahuecas, Guayo y Pellejas

HOSPEDERIAS

Cabañas del Depto. de Recursos Naturales
Villas de Sotomayor
Hotel Monte Río

RESTAURANTES

Rest. Bosque Guilarte
Cafetería La Amistad
Hacienda Yahuecas
La Playita Coffee Shop
La Terraza Fried Chicken
Las Tres T
Lucy's Pizza
Pizzería Melo
Rest. Star Light
Sun Hills Fried Chicken
Tucan Fried Chicken

FIESTAS DE PUEBLO

Festival de la Cidra (marzo)
Festival del Gigante (marzo)
Fiestas Patronales San Joaquín y Santa Ana (julio-agosto)

---

*Considere tiempo y calidad de la ruta.

AGUADA

"PUEBLO DEL CULEBRINAS"

"LA VILLA DE SOTOMAYOR"

Alcaldía (809) 868-6400

Fecha de Fundación: 1592   *Población: 35,911 (1990)*

A su gente se les conoce como aguadeños o "guajones". Este pueblo de viejo abolengo participó activamente en la época de la colonización española. Hay fuerte evidencia de que fue por sus costas donde desembarcó el Almirante Cristóbal Colón. Su nombre proviene del hecho de que los barcos procedentes de España se detenían en esta región a efectuar lo que se conoce como "la aguada", parada en tierra para abastecerse de agua y víveres.

El llamado "pueblo playero", fue tierra del afamado Cacique Aymamón y su gente. Poco después de la llegada de los españoles a la Isla, el valeroso conquistador Cristóbal de Sotomayor fundó la tristemente recordada Villa de Sotomayor, destruida durante las revueltas indígenas.

Sobre este pueblo enclavado en los Llanos Costaneros del Oeste, pocas personas saben que en 1737 el Rey de España ordenó que todas las cartas de Puerto Rico hacia Caracas y Sudamérica, salieran por el "Puerto de los Pozos de la Aguada". Esta actividad le dio un gran movimiento y desarrollo a este pueblo.

La Villa de San Francisco de la Aguada fue destruida por un fuerte terremoto en 1918; perdió la iglesia original del pueblo y antiquísimas residencias.

LUGARES DE INTERES

Iglesia San Francisco de Asís

Museo de Aguada

Hermita de Espinar

La Cruz de Culebrinas

Central Coloso (una de cuatro centrales en operación)

La Casa de Piedra

Don Flores Negrón Rodríguez (artesano pavas de paja)

Potrero Loma Linda

Santuario Hist. a Colón

Lugares escénicos como: La Bandera, Bº Atalaya, El Salto, Bº Piedras Blancas

HOSPEDERIAS

JB Hidden Village

Villarena*

RESTAURANTES

El Agüeybaná

El Discovery

El Gran Oasis

El Verde

Jungle Jims

Sea Food Rest.

Steak House Rest.

Rest. Villarena

Shady Palem

Villa de Aguada

FIESTAS DE PUEBLO

Festival Playero de la Noche de San Juan (junio)

Festival de la Chopa (agosto)

Festival del Juey (octubre)

Fiestas Patronales San Francisco de Asís (septiembre-octubre)

Feria de Artesanías (noviembre)

Festival Descubrimiento de Puerto Rico (noviembre)

Festival de Chiringa

---

*No reconocida por la Compañía de Turismo.

AGUADILLA

"LA VILLA DEL OJO DE AGUA"

Alcaldía (809) 891-0694

Fecha de Fundación: 1775   *Población: 59,335 (1990)*

Este es el famoso pueblo del Ojo de Agua, del escritor José de Diego, del compositor Rafael Hernández, del parque acuático Las Cascadas, de la Antigua Base Ramey, de eventos internacionales, de las hermosas playas, del faro español, del Aeropuerto Borinquen: AGUADILLA.

Sus costas han sido testigos de interesantísimas páginas de nuestra historia. Hay evidencia de presencia indígena en sus tierras, tanto así, que permaneció su nombre original GUADILLA que significa "jardín", que al ser españolizado se le conoció como AGUADILLA.

La llegada constante de barcos al Puerto de San Francisco le dio un fuerte impulso a la economía de toda el área noroeste. Muchas familias procedentes de la Isla y del extranjero se establecieron en este antiguo pueblo, para disfrutar del progreso y la simpatía de sus habitantes.

AGUAS BUENAS

"LA CIUDAD DE AGUAS CLARAS"

Alcaldía (809) 732-8621

Fecha de Fundación: 1838   *Población: 25,424 (1990)*

Mucho antes de que las Cuevas de Camuy empezaran a cautivar y tener la fama que actualmente ostentan, ya eran harto conocidas las de Aguas Buenas. Allí donde vivió un mago-curandero durante el siglo pasado y que Coll y Toste inmortalizó.

Se conoce como "La Ciudad de las Aguas Claras" por los manantiales que posee, algunos de aguas carbonatadas.

Aguas Buenas pertenece a la región de Las Pequeñas Colinas del Norte y a la Cordillera Central, además posee áreas de piedra caliza y grandes yacimientos de mármol.

Una de las más pintorescas fiestas de pueblo en Puerto Rico son las fiestas de Reyes de Aguas Buenas. Para el próximo año ¡**no te las pierdas**!.

ACCESOS

Norte: Bayamón; PR 174, Guaynabo; PR 173
              y San Juan; PR 1
Sur: Cidra; PR 173 y Caguas; PR 156
Este: Caguas; PR 156
Oeste: Comerío; PR 156
Ríos: Cañas, Bairoa, Caguitas, Bayamón

LUGARES DE INTERES

Casa de Campo
Cuevas de Aguas Buenas
(Ermita, Oscura, y Clara)
Monte La Tiza
Monte El Palito
Monte La Marquesa
Jagüeyes Country Club
Lomas del Sol Night Club
Iglesia, Plaza y Casa Alcaldía

HOSPEDERIAS

No disponibles.

RESTAURANTES

Sirimar
El Quinqué
Johnny Rest.
O'Decrem
Yomary
Casa Blanca

FIESTAS DE PUEBLO

Fiestas de Santos Reyes (enero)
Carnaval (marzo)
Festival Folklórico de Campo y Pueblo (julio)
Fiestas Patronales Nuestra Señora de la Monserrate (septiembre)

AIBONITO

"LA SUIZA DE PUERTO RICO"

Alcaldía (809) 735-3871

Fecha de Fundación: 1824   *Población: 24,971 (1990)*

Su agradable clima lo lleva a ser la "Suiza de Puerto Rico" por tener temperaturas registradas bajo los 40°F. Este hermoso pueblo de la Cordillera Central, enamora al que lo visita por la belleza de sus flores que adornan de brillantes colores, el paisaje. Por esta razón se crea el Festival de las Flores, muy visitado por los puertorriqueños.

Los indios lo llamaban Jatibonuco, que significaba río de la noche. Hay historiadores que apuntan hacia la teoría de que un arcabucero español se levantó sobre las montañas de Asomante y al ver la belleza de este lugar exclamó "Ay que bonito".

Se le considera el pueblo más alto de Puerto Rico, ya que alcanzan sus montañas una altura de 2,401' en la Sierra de Cayey; en la Degetau 2,394'. En el área del Asomante 2,109' desde donde en días claros se ve Caja de Muerto.

ACCESOS

Norte:	Barranquitas; PR 162
	725. Cidra; PR 14 PR 173
Sur:	Coamo; PR 14. Salinas; PR 1 - PR 162
Este:	Cidra, PR 14-173 Cayey; PR 162
Oeste:	Coamo PR 14
Ríos:	Cuyón, Asabón, Aibonito, La Plata.

LUGARES DE INTERES

Casa Manresa
Cancha Bajo Techo José M. Aponte
La Piedra de Degetau
Pollos To Rico
Casa del Caminero
El Cañón de San Cristobal
El Mirador y el Valle de la Plata
Cuartelillo de Federico Degetau
Seminario Salesiano

HOSPEDERIAS

No disponibles.

RESTAURANTES

Rest. La Piedra
Rest. El Rincón Familiar
Rest. El Bosque
El Mirador
Sierra Linda Steak House
La Arboleda
El Roble

FIESTAS DE PUEBLO

Fiestas Patronales Santiago Apostol (julio)
Santo Patrón: San José (julio)
Fiestas de Pueblo (mayo)
Festival de las Flores (julio)
Festival del Pollo (agosto)
Festival de la Montaña (noviembre)
Fiestas de Artesanía

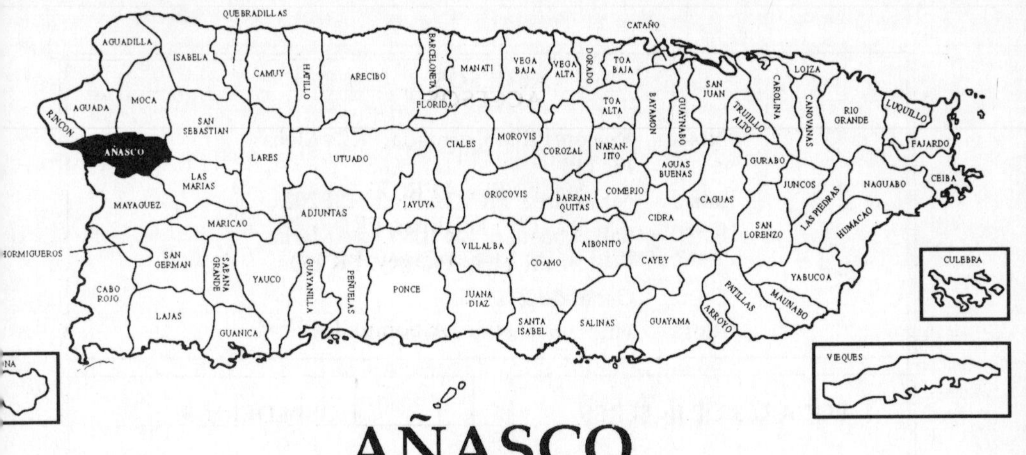

AÑASCO

"DONDE LOS DIOSES MUEREN"
"LOS MORCILLEROS"

Alcaldía (809) 826-3100

Fecha de Fundación: 1733   *Población: 25,234 (1990)*

Fue en este pueblo donde el Cacique Urayoán le ordenó a los guerreros de su ejército ahogar al español Diego Salcedo para corroborar si éstos eran o no inmortales.* Todo esto sucedió en las aguas del Río Guaorabo, hoy Río Grande de Añasco. Esta región fue muy conocida por los primeros conquistadores españoles, en la cual se establecieron varios de ellos, como don Luis de Añasco, de quien se origina el nombre del poblado. Fue, además, en este pueblo donde se instaló elprimer ingenio azucarero de Puerto Rico y uno de los primeros de América.

Este hermoso pueblo costero es muy famoso por sus excelentes playas, pero más aún por su famoso y único pan de hojaldre, una especie de bizcocho en forma de rosquilla (dona) gigante. Estas tierras son parte de los Llanos Costaneros del Oeste.

Hay historiadores que afirman que Mariana Bracetti, "Brazos de Oro", patriota que cosió y confeccionó la primera bandera puertorriqueña, conocida como la Bandera de Lares, nació aquí posiblemente en el 1843.

Por una cómica casualidad, se dice que en Añasco se venden morcillas en las farmacias. Cuando visite este pueblo pregunte por qué. Le divertirá.

---

*Según el historiador Jalil Sued Badillo este evento ha sido convertido en un mito histórico, ya que en el 1493 los taínos de la República Dominicana habían matado a 39 españoles en el Fortín de la Natividad. Conociendo la relación cultural y de parentesco que existió entre estos pueblos, ¿cómo los taínos de Puerto Rico no sabían la mortalidad de los españoles 18 años después?

ACCESOS

Norte: Rincón; PR 115, Aguada; PR 2 y Moca;
          PR 110

Sur: Mayagüez; PR 108, PR 2 - PR 202

Este: San Sebastián; PR 1089, Las Marías;
          PR 119-PR 4406- PR 108 - PR 109

Oeste: Canal de la Mona

Ríos: Humata; Casey y Añasco

LUGARES DE INTERES

Iglesia San Antonio Abad

Río Grande de Añasco

Puente de Hierro

Bahía y Playa de Añasco (balneario)

Central Igualdad

Casa Alcaldía

Playas: Tres Hermanos, Hatillo, La
     Duende y Caguabo

Villa Pesquera

Autódromo

El Salto de la Encantada

El Petroglifo de Urayoán

Castillo Méndez

Embalse Deguey

Embalse Ajíes

Tres Plazas de Caballos; Humatas,
     Daguey y Ovejas

HOSPEDERIAS

El Geminis*

El Ticke*

Casa Blanca*

RESTAURANTES

Charlie's Rest.

El Coche

Rafael

El Batey

Las 4 Puertas

El Chatisis

Ica Plash

FIESTAS DE PUEBLO

Fiestas patronales San Antonio Abad (enero)

Festival Mayuco (enero)

Festival de los Reyes (enero)

Festival de Bellas Artes (enero)

Festival del Teatro (mayo)

Festival Santa Rosa de Lima (agosto)

Festival del Chipe (septiembre)

Balseada Nacional Salcedo (septiembre)

Maratón Cooperativa (octubre)

*No reconocidas por la Compañía de Turismo.

ARECIBO

"LA VILLA DEL CAPITAN CORREA"

Alcaldía (809) 878-2299

Fecha de Fundación: 1515   *Población: 93,385 (1990)*

El 5 de agosto de 1702 el Capitán Antonio de los Reyes Correa, al mando de once milicianos de caballería y vecinos, rechazaron el ataque de los ingleses al mando del Almirante *Whelstone* que intentaba un desembarco por Arecibo para apoderarse de la Isla. Este evento llevó a que se le reconociera como "La Villa del Capitán Correa". Arecibo es el pueblo más grande de Puerto Rico, el pueblo del Observatorio Astronómico, de Mirta Silva, de la Cueva del Indio. Son muchísimas las cosas que identifican a este pueblo, uno de los más antiguos de América.

Esta hermosa y extensa tierra ha mostrado evidencia de la presencia de las culturas aborígenes conocidas que habitaron nuestro país: arcaica, igneri, pre-taína y taína. Fue aquí donde el cacique Aracibo gobernaba un poblado en las orillas del río que ellos conocían como Abacoa. De este dato es que se origina el nombre del pueblo. Muy pocos saben que en este municipio se encuentran dos bosques estatales: El Cambalache y El Río Abajo. Sus tierras están ubicadas tanto en los Llanos Costaneros del Norte, como en las Colinas del Norte y la Cordillera Central. Esto le ofrece múltiples alternativas de turismo interno a los visitantes. Sus arenas negras tienen depósitos de hierro.

ACCESOS

Norte:	Océano Atlántico
Sur:	Utuado; PR 10 y Ciales PR 146-10, PR 149-2
Este:	Barceloneta; PR 681, PR 2, Florida PR 2 PR 140
Oeste:	Hatillo; PR 2
Río:	Río Grande de Arecibo

LUGARES DE INTERES

Observatorio de Arecibo
Río Tanamá
Poza del Obispo
Cueva del Indio
Paseo Víctor Rojas
Iglesia Catedral San Felipe Apóstol
Bosque Río Abajo y Cambalache
Antigua Central Cambalache
CUTA-Colegio Universitario Regional de Arecibo (UPR)
Casa Alcadía
Plaza y Centro del Pueblo
Playas: Los Negritos, Las Tunas, Morrillo, Jareales y Hatillo
Aeropuerto de Arecibo
Ruta Panorámica PR 681, Arecibo a Barceloneta

HOSPEDERIAS

Hotel Villa Real*
Motel Monte Idilio*
Motel La Roca*

RESTAURANTES

City Island
Costamaría
Don Benacio
El Cetí
El Coquí
El Farol
El Galeón
El Gran Café
El Patio I
El Patio II

FIESTAS DE PUEBLO

Fiestas Patronales San Felipe Apóstol (mayo)
Festival Playero (julio)
Festival Folklórico (septiembre)
Carnaval Arecibeño (febrero)

---

*No reconocidos por la Compañía de turismo.

ARROYO

"PUEBLO INGRATO-PUEBLO GRATO"

Alcaldía (809) 839-3835

Fecha de Fundación: 1855   *Población: 18,910 (1990)*

El primero de marzo de 1859, Samuel Morse hace funcionar el telégrafo aquí en el municipio de Arroyo, desde la Hacienda La Enriqueta, donde vivió su hija, hasta los almacenes de su yerno en los muelles. Así Puerto Rico se convierte en el segundo país en el mundo en tener línea telegráfica.

Este pueblo deriva su nombre de un pequeño arroyo donde los viajeros pasaban a tomar agua y a descansar. Está localizado en los Llanos Costaneros del Sureste y se le conoce como el"Pueblo Ingrato", debido a la historia del náufrago que llegó a sus costas en tiempos del cólera, pero los vecinos del pueblo preocupados por la enfermedad, lo echaron en el bote nuevamente al mar. Sin embargo, el arroyano ha reivindicado su pueblo con su gran hospitalidad. Por eso se le ha llamado también el "Pueblo Grato".

Un detalle pintoresco de su folklore de pueblo pescador es el entierro de la sardina. Ven al carnaval de Arroyo y descubre de qué se trata.

ACCESOS

Norte:	Guayama; PR 3 y Patillas; PR 3
Sur:	Mar Caribe
Este:	Patillas; PR 3
Oeste:	Guayama; PR 3
Ríos:	Nigua o Laurel

LUGARES DE INTERES

Calle Morse
El Molino El Viento
El Molino Barbedera
Ruinas de la Iglesia Vieja
Iglesia Católica
Hacienda Lind; La Enriqueta
Monumento a Enrique Huyke
Monumento en Honor a Samuel B. Morse
El Malecón < El Puerto de Arroyo / El Muelle
Hacienda La Cosa
La Torre del Viejo
Central Lafayette
Antigua Colonia Virella
Tren del Sur (actualmente no funciona)
El Trolley
El Faro (Ruinas)

Playa Las Palmas
Balneario y Centro Vacacional Punta Guilarte
Cementerio Antiguo

HOSPEDERIAS

Fano's Guest House*
Centro Vacacional Punta Guilarte

RESTAURANTES

Rest. Brisas del Mar
Rest. El Barril
Rest. Yico's Place
Rest. Méjico
Mr. Chicken
Los Bucaneros

FIESTAS DE PUEBLO

El Carnaval (febrero)
Fiesta Negra (después de Semana Santa)
Fiestas Patronales Nuestra Sra. del Carmen (julio)
Fiestas de la Naturena o Virgen del Carmen (julio 16)
Los Rosarios de Cruz (mayo)
Festival del Pescao (noviembre)
Festival Navideño (diciembre)

---

*No reconocidos por la Compañía de Turismo.

BARCELONETA

"LA CIUDAD DE LAS PIÑAS"

Alcaldía (809) 846-5000

Fecha de Fundación: 1881   *Población: 20,947 (1990)*

Barceloneta es la capital de las farmacéuticas: con unas 14 industrias, es el complejo farmacéutico más grande del mundo. En una combinación interesante y rara se encuentra su cultivo principal: la piña. Este fruto adorna el bello territorio de este pueblo.

Por encontrarse en el Llano Costanero del Norte, Barceloneta tiene hermosas playas con arenas negras*, que lo hacen especial. Su terreno traía recuerdos a su fundador Bonacio Llenza, que lo comparaba con el de Barcelona, capital de Cataluña, y lo llamó Barceloneta o pequeña Barcelona.

Este pueblo es la cuna del primer puertorriqueño que obtuvo un título mundial de boxeo, (1936) Sixto Escobar. Dato curioso de este pueblo es que su plaza la bordeaba el Río Grande de Manatí.

---

*Sector Palmas Altas. Sus arenas contienen hierro.

ACCESOS

Norte:	Océano Atlántico
Sur:	Florida; PR 140
Este:	Manatí; PR 2
Oeste:	Arecibo; PR 681, PR 2
Río:	Río Grande de Manatí

LUGARES DE INTERES

Central Plazuela
Fábrica de Jugos Lotus
El Antiguo Muelle
Parque de Pelota Urbano
El Sector Mero con yacimientos pertenecientes a la Cultura Ostionoide
Las Ruinas de la Residencia Llenza (hoy Centro Cultural y Museo)
En septiembre se pueden ver las ballenas y delfines en su costa.
Playas: Las Criollas, Palmas Altas
Zona Pesquera (área donde puedes obtener mero, chillo y sierra frescos)
Bosque Cambalache
Ruta Panorámica PR 681
Ruinas Central Monserrate
Ruinas Hacienda Marqués de la Esperanza

HOSPEDERIAS

*Hotel Puerto de Palmas (Isla de Roque)
*Motel Jaqueline
*Hotel La Hacienda

RESTAURANTES

La Casita
Plazuela Cocktail Lounge
Villamar
Frutos del Mar
Río Mar
El Rincón Criollo

FIESTAS DE PUEBLO

Festival de Verano (junio)
Fiestas Patronales Virgen del Carmen (julio)
Festival de Música Típica (junio)
Festival Folklórico (nov.)
Festival Bomba y Plena (octubre)

---

*No reconocidos por la Compañía de Turismo

BARRANQUITAS

"CUNA DE PROCERES"
"LOS GAYABEROS"

Alcaldía (809) 857-2065

Fecha de Fundación: 1804   *Población: 25,605 (1990)*

Este pueblo de grandes curvas e impresionantes riscos lleva su nombre por la erosión del terreno que creaba pequeños barrancos, llamados barranquitas. Su altura promedio sobrepasa los 2,000 pies, ya que se encuentra localizado en la Cordillera Central.

Este municipio se destaca por su calor humano, su sentido admirable de lo nacional. Su feria nacional de artesanos fue la primera en su género y es considerada como la mejor del país. Dios bendijo a este pueblo, pues su paisaje nos recuerda la creación. Es el Cañón de San Cristóbal, encontrado entre Barranquitas y Aibonito, otro regalo de la naturaleza que invita a meditar y a soñar.

En este pueblo actualmente se explotan sus llacimientos de mármol gris. También existe oro asociado a otros minerales.

En Barranquitas nació Luis Muñoz Rivera, tribuno, periodista, político y poeta. Padre de Luis Muñoz Marín. Por esto se le conoce como "Cuna de Próceres".

ACCESOS

Norte: Corozal; PR 164 PR 152, Naranjito; PR 152

Sur: Coamo; PR 143, Aibonito; PR 162

Este: Comerío; PR 156, Aibonito; PR 162, Cidra, N/A

Oeste: Orocovis; PR 156

Ríos: Río Grande de Manatí, Río Hondo, Usabón, Barranquitas, La Plata

LUGARES DE INTERES	RESTAURANTES
Cañón de San Cristóbal (600 pies)	El Balcón de Taijiri
Centro Cultural Luis Muñoz Rivera	Di Angelo
Casa Museo Luis Muñoz Rivera	Hacienda Margarita
Campamento del Club de Leones	Hot Pizza
Universidad Interamericana	El Criollito
Castillo El Cortijo	El Puente
Las Ruinas de la Hacienda Grande	El Condado
Campamento Morton	Plaza
Mausoleo de la Familia Muñoz	El Portón
Colección Toño Vélez	La Vega
Iglesia San Antonio de Padua	Quebradilla
Cali-Orchids	El Familiar
Campamento Morton	La Tosca Steak House
	El Coquí Here
	Bajo la Sombra de un Flamboyán

HOSPEDERIAS

Hacienda Margarita*

Hacienda Cayos*

FIESTAS DE PUEBLO

Fiestas Patronales San Antonio de Padua (junio)

Fiesta Nacional de Artesanía (julio)

---

*No reconocidas por la Compañía de Turismo.

BAYAMON

"EL PUEBLO DEL CHICHARRON"

Alcaldía (809) 780-3056

Fecha de Fundación: 1772   *Población: 220,262 (1990)*

¿Sabía usted que donde actualmente se encuentra el hospital San Pablo existió la antigua Hacienda Santa Cruz?, una de las primeras en Puerto Rico y propiedad del Rey de España. Otro dato curioso son sus ríos. Cuando vaya por el expreso PR 22 encontrará dos cauces paralelos, estos son el Río Hondo de Bayamón y el Río Bayamón* a los cuales los conocemos como los ríos gemelos.

Actualmente en la Hacienda Santa Ana se destila el ron Barrilito y el alcoholado Santa Ana. Entre sus hijos se encuentran el Dr. José Celso Barbosa, Francisco Oller y el trovador Chuito de Bayamón. Hay algo que no debemos olvidar: la tradición de los carritos de chicharrón, el mejor de Puerto Rico.

La palabra Bayamón aparece desde los principios de la conquista. Se ha supuesto que era el nombre de un cacique indio no identificado por los historiadores. Este podría ser el origen de su nombre, aunque posiblemente se deriva de Bayamongo, nombre taíno de uno de los ríos que lo cruzan.

---

*Este fue canalizado. Su antiguo cauce desemboca en Palo Seco.

ACCESOS

Norte:	Toa Baja; PR 2 - PR 22, Cataño; PR 5 y PR 28, Guaynabo; PR 177 y PR 2
Sur:	Comerío; PR 167, Aguas Buenas; PR 174
Oeste:	Toa Baja; PR 22, Toa Alta; PR 167, PR 165 - PR 2 Naranjito; PR 164 - PR 167
Este:	Guaynabo; PR 177 y PR 2
Ríos:	Río Bayamón, Río Hondo

LUGARES DE INTERES

Paseo Barbosa

Busto José Celso Barbosa

Monumento José Celso Barbosa

Parque Central

Hacienda Santa Ana

Museo Francisco Oller (Antigua Casa Alcadía)

Parque de las Ciencias

Iglesia Santa Cruz

La Nueva Casa Alcadía

Coliseo Rubén Rodríguez

Estadio Juan Ramón Loubriel

Universidad Central de Bayamón

Universidad Interamericana

Colegio Tecnológico de Bayamón

Caribbean University

American University

Fábrica de Chicharrón

El Arbol de Caobo (sembrado por el Dr. Agustín Stahl)

Parque Jungham

Museo del Campesino (Parque Central)

Las Ruinas del Castillo de Don Miguel López Gaztambide

Teatro Braulio Castillo

HOSPEDERIAS

Pavillions & Pools Hotel*

Hotel La Rueda*

RESTAURANTES

El Portón #3

El Bambú Burger

El Edén

El Gran Café

El Gran Taly

La Cabaña del Tío Pepe

La Rosaleda

Rest. Los Gorditos

La Tasqueña

Riverview Pizza

(Bayamón tiene gran cantidad de restaurantes no mencionados en esta lista)

FIESTAS DE PUEBLO

Fiestas de Reyes (enero)

Fiestas Patronales Santa Cruz (mayo)

Aniversario José Celso Barbosa (julio)

Festival del Chicharrón (julio)

Festival de Artesanía (julio)

---

*No reconocidas por la Compañía de Turismo.

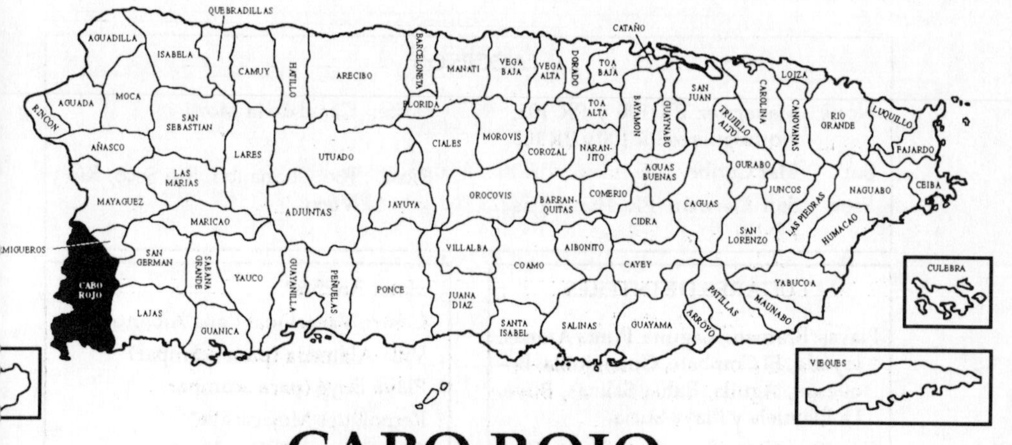

CABO ROJO

"EL PUEBLO DE COFRESI/LOS MATA CON HACHA"
"CAPITAL DEL TURISMO INTERNO"

Alcaldía (809) 851-1125

Fecha de Fundación: 1771   *Población: 38,521 (1990)*

Hay evidencia de la presencia de la cultura más antigua que se haya registrado en la Isla, los arcaicos, en las tierras de este legendario pueblo localizado en los Llanos Costaneros del Oeste. La fertilidad de sus tierras y la excelencia de sus puertos, convirtieron a la región en lugar predilecto para establecer poblados igneris y luego taínos. Desde principios de la colonización española la fundación de pequeñas aldeas que se dedicaban a la explotación de la abundante sal y de la ganadería, originaron lo que hoy conocemos como Cabo Rojo. En su historia se refleja la importante contribución hecha por familias extranjeras (venezolanos, holandeses, italianos, alemanes y franceses) en el desarrollo económico de la región. Por su excelente posición estratégica, este pueblo fue punto de ataques constantes de caribes, franceses, holandeses y especialmente de los ingleses. Esta situación provocó la construcción de los fuertes militares, La Mela y el Reina María Luisa (ya desaparecidos). Existe un exceso de minerales tan considerable en sus costas que el agua se refleja de un color rojizo y es precisamente este detalle el motivo del origen de su nombre; CABO (esquina de tierra) y ROJO (por el color de sus aguas). Tierra de leyendas, de mucho sol, bellas playas, conocidas hospederías, suculentos mariscos, del pintoresco faro, del patriota Betances, del Pirata Cofresí, de deportes acuáticos netamente puertorriqueños. Por eso se conoce como la capital del turismo interno.

ACCESOS

Norte:	Mayagüez PR 100 y PR 102; Hormigueros PR 100 y PR 103	Oeste:	Canal de la Mona
Sur:	Mar Caribe	Ríos:	Río Guanajibo, Río Seco, Río Viejo
Este:	San Germán PR 102; Lajas PR 101		

LUGARES DE INTERES

Playas: Bramero, Laguna, Punta Arenas, Joyuda, El Combate, Guaniquilla, Boquerón, Aguila, Bahía Salinas, Buyé, La Playuela y Playa Sucia.

Cueva de Cofresí	Puerto Real
Club Náutico	Las Salinas
Poblado de Joyuda	Isla Ratones
Punta Guaniquilla	
Puerto Angelino	
Canales de Pitahaya	
Arrecifes La Margarita	
El Faro en Punta Jagüey	
Poblado de Boquerón	
Refugio de Aves de Boquerón	
Laguna Rincón, Laguna Joyuda	
Santuario de Schoenstatt	

HOSPEDERIAS

The Golden Hotel*
Hotel Joyuda Beach*
Hotel Tony's Place*
Parador Boquemar
Parador Perichi's
Hotel Cuestamar
Hotel Edwin*
Centro Vacacional Boquerón

Hotel Antibes*
Centro Vacacional Papa Alberto*
Villa Alameda (para acampar)
Playa Buyé (para acampar)
Remolques Mojacasabe*
Guest House El Combate*

Existen otras pequeñas hospederías, casas de alquiler, remolques y áreas para acampar.

RESTAURANTES

La Fragata	Las Cascadas
Renanjoe	The Fish Net
Tino's Rest.	Vista Bahía
Rest. Antibes	Rest. Bohío
Brisas del Mar	Rest. Charles
Costa Mar	Rest. Enriko
Island View	Kam Kweng
King of the Sea	La Barca
Rest. Perichi's	*Muchos más
La Casona de Serafín	
Pescadería Rosas Inc.	
Brisas de Joyuda	
Rest. Hotel Tony's	
Rest. Villa Plaza Tourist Resort	
Rest. Parador Boquemar	
González Sea Food	

FIESTAS DE PUEBLO

Festival del Pescao (marzo)	Festival en los 40 (marzo)
Festival del Chigüero (abril)	Fiestas de Betances (abril)
Festival del Ostión (mayo)	Tejido de Sombreros (mayo)
Fiestas Patrón-Boquerón (julio)	Retorno a la Arena (julio)
Festival del Melón (julio)	Cruce Bahía Boquerón (julio)
Festival de la Paleta (dic.)	Festival Le Lo Lai (dic.)

*No reconocidas por la Compañía de Turismo.

CAGUAS

"LA CIUDAD DEL TURABO"

"LA CIUDAD CRIOLLA"

Alcaldía (809) 743-3400, (809) 743-6100

Fecha de Fundación: 1775   *Población: 133,447 (1990)*

Entre la arrulladora formación de las sierras de Luquillo y Cayey, moldeado con entereza y dedicación por la cuenca del Río Grande de Loíza, llegamos al valle interior del Turabo, hogar del pueblo de Caguas "La Ciudad del Turabo".

Existe un secreto que enmarca toda esta fantasía de valles y montañas, mira al horizonte y busca la silueta de la "princesa dormida"...

Originalmente se llamó San Sebastián del Piñal de Caguax, sin embargo, de este último obtiene su nombre. Caguax según Coll y Toste fue uno de los primeros caciques en hacer la paz con los españoles, adoptó el cristianismo y vivió en el margen del Río Turabo con su hija Baaganamé. De quien se cuentan mil y una historias.

A los hijos de Caguas se les conoce como "Los Criollos". Merecen destacarse las figuras de sus hijos Abelardo Díaz Alfaro, José Gautier Benítez, Juan José Osuna y Margot Arce de Vázquez.

ACCESOS

Norte:	San Juan; PR 52 y PR 1, Trujillo Alto; PR 175, Río Piedras; PR 52 y PR 1
Sur:	Cayey; PR 1 y PR 52, San Lorenzo N/A
Este:	Gurabo; PR 189 y PR 30, San Lorenzo; N/A
Oeste:	Aguas Buenas; PR 158, Cidra; PR 172, Cayey; PR 1 y PR 52
Ríos:	Río Grande, Río Caguitas, Río Turabo, Río Bairoa, Río Cañas, Río Grande de Loíza, Río Cañabonsito

LUGARES DE INTERES

Parque del Turabo
Cuatro y Cabaquiño
Hacienda Cofresí
El Telesférico
Museo de Caguas
Villa Coquí
La Hacienda Country Club
Piedra de Polanco
Ruinas de Hacienda Catalina
Universidad del Turabo
Alcaldía (conserva estructura original, contiene un aljibe en su interior)
Plaza e Iglesia

HOSPEDERIAS

Motel La Hamaca*
Motel San Souccí*
OK Motel*
Embajador Hotel*
Hill Side*
La Fuente*
D, Rose*
El Remanso*
Villa Arco Iris*
Bambú Hotel*
Pilco Mayo Motel*
Flamingo Hotel*
Lisboa Hotel*

RESTAURANTES

El Paraíso	Ayer y Hoy
El Cantinflas	Rest. Casa Blanca
El Mariachi	El Yaucano
La Reliquia	Los Jardines
El Viaducto	Mocagua
La Alameda Steak House	
El Balcón de Manolo	

FIESTAS DE PUEBLO

Fiestas Patronales Nuestra Señora del Carmen (julio)
Festival Folklórico (julio)

---

*No reconocidas por la Compañía de Turismo.

CAMUY

"LA CIUDAD ROMANTICA"

Alcaldía (809) 898-2160

Fecha de Fundación: 1807   *Población: 28,917 (1990)*

El pueblo del famoso Parque de las Cavernas del Río Camuy, el pueblo de la Cueva Camuy. Cavernas, cuevas, sumideros, dunas, mogotes, son rasgos característicos de esta región. Si subes al Monte Calvario, podrás observar una impresionante vista panorámica de los Llanos Costaneros del Norte donde se encuentra este pueblo playero.

Para muchos historiadores la palabra indoantillana CAMUY significa "Sol"; para otros era el nombre que los indios le daban al río que atravesaba la región. Lo que hoy es un dinámico pueblo, comenzó como una pequeña aldea de ganaderos y trabajadores de la caña de azúcar. Se separó de Arecibo en 1807 como municipio independiente.

Muy pocos saben que el 14 de febrero de 1873 se llevó a cabo una revuelta separatista que pasaría a nuestra historia como los Sucesos o Motín de Camuy.

¡CUIDADO! Se dice que todos los forasteros que llegaban a Camuy se enamoraban, se casaban, y se quedaban allí. Por esto se le conoce como "La Ciudad Romántica".

ACCESOS

Norte: Océano Atlántico
Sur: Lares; PR 486, PR 129
Este: Hatillo; PR 126 y PR 2
Oeste: Quebradillas; PR 119 - PR 2, PR 485
Ríos: Río Camuy

LUGARES DE INTERES

Parque de las Cavernas del Río Camuy[1]
La Cueva de Camuy
Santuario Monte Calvario
Playa de Peñón Brussi
El Peñón de Los Amador
Destilería de Ron Palo Viejo
Iglesia de Piedra
Hacienda Marell, Pedro Amador
Central Soller
Playa Peñón Amador
Casa Alcaldía
Centro del Pueblo
Antiguo Casino

1   Cueva Clara de Empalme, Sumidero Tres Pueblos, Cueva Espiral (próxima apertura)

HOSPEDERIAS

*Brusilandia
*Peñón Brusi Resort

RESTAURANTES

El Viaducto
El Taíno
Las Cavernas
Cafetería Parque de las Cavernas

FIESTAS DE PUEBLO

Velorio de los Reyes (enero)
Carnaval Camuyano (febrero)
Fiestas Patronales San José (mayo)
Festival Playero Peña Brusi (julio)
Feria del Artesano (octubre)

* No reconocidas por la Compañía de Turismo.

CANÓVANAS

"LA CIUDAD DE LAS CARRERAS"

"LA CIUDAD DE LOS INDIOS"

Alcaldía (809) 876-2628, (809) 876-5120

Fecha de Fundación: 1909   *Población: **36,816** (1990)*

Sabemos que para el 1570 existía la ranchería del Cacique Canovanax, aquel que acordó paz junto a la Cacica Yuisa en el levantamiento del 1515 de los caciques Daguao, Loquillo y Humacao. Sin embargo, es en el 1970 que definitivamente se convierte oficialmente en municipio. Destacamos el hecho de que su fundación se estipula para el 1909 y que poco después de esa fecha fue la capital municipal de Loíza. Canóvanas surgió por el traslado de Loíza en 1909-1910.

El cognomento de Canóvanas es "La Ciudad de las Carreras", desde luego por el nuevo hipódromo El Comandante. Señalamos que este nombre lo adquiere el hipódromo de su primer lugar de ubicación, cerca del cerro el Comandante en el Barrio San Antón de Carolina.

A los canovanenses se les conoce como "Los Indios" (balancesto), esto por el Cacique Canovanax.

Canóvanas está localizado en la región de los Llanos Costaneros del Norte.

ACCESOS

Norte: Loíza PR 188
Sur: Juncos PR 185; Las Piedras, N/A
Este: Río Grande PR 186, PR 3
Oeste: Carolina PR 3, PR 187
Ríos: Cubuy, Herrera, Canovanillas, Río Grande de Loíza

LUGARES DE INTERES

Puente español
Ruinas de la Central Canóvanas (1879)
Plaza, Alcaldía
Hipódromo El Comandante
Casa de Jesús T. Piñero

Ruta de Turismo Interno:
PR 185 hacia Juncos. Gran cantidad de lechoneras, kioskos y pozas para bañarse.
Carr. Panorámica PR 951 que bordean la ribera del río Grande de Loíza hasta su desembocadura en el Municipio de Loíza.

Cerros:
La Cuchilla, El Asomante, El Cerro Negro, Cerro Peregrina

HOSPEDERIAS

Se pueden utilizar las facilidades de alojamiento en los pueblos de la periferia.

RESTAURANTES

Posada El Coquí
El Original Los Chorritos
Los Chorritos II
El Mesón de la Cañada
El Criollo

FIESTAS DE PUEBLO

Fiestas de Cruz (mayo)
Fiestas Patronales Nuestra Sra. del Pilar (octubre)
Navidad en el Campo (diciembre)

CAROLINA

"TIERRA DE GIGANTES"

"LOS TUMBA BRAZOS"

Alcaldía (809) 757-2626, (809) 757-2705

Fecha de Fundación: 1857   *Población: 177,806 (1990)*

Muy pocas personas saben que donde ubica Carolina existió otro pueblo que se llamó Trujillo Bajo (1817-1871). Fue Don Gaspar Martínez quien donó las tierras para fundar un nuevo municipio y puso la condición de que se llamara San Fernando de la Carolina en honor a su hija Carolina de San Juan. A los carolinenses se les conoce por "Los Tumba Brazos", pues en tiempos pasados una ofensa se tenía que resolver en un duelo con una mano atada al contrincante y en la otra el machete. También se conoce como la "Tierra de Gigantes" no sólo por Don Felipe Birriel González, el gigante de 7' 11", sino también por los inmortales Julia de Burgos, Jesús María Sanromá, Jesús T. Piñero, Roberto Clemente y otros. Al noroeste del Río Grande de Loíza y perteneciente a la región de los Llanos Costaneros del Norte, este municipio atesora un excepcional espacio cultural, PIÑONES, haciendo honor a la gran cantidad de pinos o por la familia Piñón de los primeros residentes del lugar, situado a lo largo de la playa Vacía Talega. Este espacio reconoce distintas sensaciones, usos, finalidades; no obstante, el más importante reconocimiento es ser creador de una cultura alterna, donde aún estando en la ciudad, solemos soñar la entrada a un mundo diferente, lleno de atractivos que contradicen el hermetismo urbano. A la vez, te ofrece la alternativa de viajar a través del contacto con la naturaleza (manglares, dunas, lagunas, bosques, playas, ríos) y con nuestras verdaderas raíces remontables al siglo 18. Si quieres conocer de dónde viene tu negrura visita tu origen: Piñones, espacio alterno.

ACCESOS

Norte: Océano Atlántico, Loíza; PR 188 - PR 3
Sur: Gurabo; PR 181 - PR 858, Juncos; PR 185 - PR 3
Este: Canóvanas; PR 3
Oeste: Trujillo; PR 858
       Río Piedras PR 3 y PR 181
       San Juan PR 3
Ríos: Río Grande de Loíza, Río Canovanillas

LUGARES DE INTERES

Balneario de Carolina
Plaza de Recreo e Iglesia
Lagunas Torrecilla, San José y Piñones
Parque Julia de Burgos
Monumento Jesús T. Piñero
Aeropuerto Internacional Luis Muñoz Marín
Club Gallístico Isla Verde
Plaza Carolina
Ruinas Ingenio Buena Vista
Río Grande de Loíza
Juegos de Polo (Central Ingenio)

HOSPEDERIAS

Carib Inn	Casa de Playa
Borinquen Royal	Don Pedro
Casa Mathiensen	El Patio
Hotel San Juan	Hotel Sands
Green Isle	Marios

La Playa	ESJ Towers
Travel Lodge	Villas del Retiro*
Holiday Inn Isla Verde	
Empress Ocean Front	
Hotel Aeropuerto Internacional	
Borinquen Executive*	

RESTAURANTES

La Tasca	La Original
El Filete	Paquitas
China Palace	Leonardo
Marina	Marios
Piccola Fontana	Metropol
Plaka	Playa
Reina del Mar	Chimpuncallao
Tucano	Veranda
Casa Caribe	Che's
Cousin Ho's	Tiffany
Don Juan	Isla Verde
Ocean View Terrace	
Back Street Hong Kong	

FIESTAS DE PUEBLO

Feria de Artesanía Femenina (abril)
Fiestas Patronales San Fernando (mayo)
Feria de Artesanías (julio)
Semana de Roberto Clemente (agosto)

---

*No reconocidas por la Compañía de Turismo.

CATAÑO

"LOS LANCHEROS DE CATAÑO"

"LA ANTESALA DE LA CAPITAL"

Alcaldía (809) 788-0404

Fecha de Fundación: 1927　　　　　　　　　　*Población: 34,587 (1990)*

"Aguanta la lancha que voy pa' Cataño" es el dicho popular que nos recuerda este pueblo que se confunde con la hermosa Bahía de San Juan. Este pueblo, el más pequeño en extensión, es el vecino más cercano al viejo San Juan y testigo vidente de su historia.

Perteneciente al Llano Costanero del Norte, Cataño cuenta con una impresionante vista al mar y a los monumentos históricos más relevantes de Puerto Rico. Su gente es de un carácter jovial y hospitalario. El Dr. Hernando Cataño vivió e intentó desarrollar la región allá para los comienzos de la colonización; es en honor a él que lleva este nombre, originalmente se le conocía como el Hato de las Palmas.

Cataño es cuna de grandes hombres y mujeres de un Puerto Rico trabajador y deportista como Ileana Colón Carlo, la primera mujer Contralor de P.R., Pedro Juan Soto escritor y los Hermanos Boscarino; Liza y Rossanno. Liza Medalla de oro en Judo en competencias internacionales y Rossanno campeón mundial en ascenso mecánico en soga: marca 100 pies en ascenso en 25 segundos. Todos orgullo de Puerto Rico.

ACCESOS

Norte:	Océano Atlántico; Toa Baja PR 165 y PR 22
Sur:	Guaynabo PR 24 y PR 165; Bayamón PR 5
Este:	Océano Atlántico
Oeste:	Toa Baja PR 165 y PR 22
Ríos:	Canal del Río Bayamón

LUGARES DE INTERES

Coliseo Municipal "Pedro Rodríguez Sálamo"

Estadio Municipal "Perucho Cepeda"

Pirámide (Biblioteca)

Terminal de Lanchas

Estatua India Taína

Paseo Marítimo Ave. Nereida

Destilería Ron Bacardí

Pescadería Cunda

Bahía de San Juan

HOSPEDERIAS

*Motel Las Villas

RESTAURANTES

Recomendamos los restaurantes del área de Palo Seco, en la periferia de Cataño.

FIESTAS DE PUEBLO

Noche de San Juan (junio)

Fiestas Patronales Virgen del Carmen (julio)

Encuentro de Pescadores (julio)

---

*No reconocido por la Compañía de Turismo.

CAYEY

"LA CIUDAD DEL TORITO"

Alcaldía (809) 738-3211

Fecha de Fundación: 1773   *Población: 46,553 (1990)*

Después de pasar el Valle del Turabo y el segundo peaje de la autopista PR 52 (San Juan a Ponce), comienzas a subir una sierra. Aquí, en un valle alto entre montañas (altiplanicie), acompañado del Río La Plata, se encuentra el pueblo altiplano de Cayey.

Para el amante de la Naturaleza, un manjar: rápido descenso en la temperatura, agradables sensaciones de frío entre formaciones de neblina, un follaje propio para un bosque subtropical húmedo donde caen de 50 a 75 pulgadas de lluvia anual. Una zona de formación volcánica. También entre neblina se ven espectaculares vistas del Valle de Cayey y del Turabo. A lo lejos se ve la silueta de dos picos gemelos: "Las Tetas de Cayey". Cerca de estos, el pico del Toro, por esta razón se le conoce a este pueblo como "La Ciudad del Torito".

Bautizado por Luis Lloréns Torres como "La Ciudad de las Brumas". Su nombre es herencia taína cuyo significado era lugar de aguas. Se le conoció como Cayey de Muesas, y fue junto a Juana Díaz uno de los dos pueblos con apellido.

ACCESOS

Norte:	Cidra PR 171; Caguas PR 1, PR 52
Sur:	Salinas: PR 52; Guayama PR 15
Este:	San Lorenzo: PR 184 - PR 179
Oeste:	Aibonito PR 1; Salinas PR 52
Ríos	Guavate, Jájome, Matón, La Plata, Grande de Loíza

LUGARES DE INTERES

Plaza y Centro del Pueblo

Estación Comsat (comunicación vía satélite)

El Sismógrafo

Museo Ramón Frade

Antiguo Campamento Militar "Henry Baracks" Hoy Colegio Universitario de Cayey

Sector Jájome

Escuela de Medicina

Bosque Carite

Montañas: Cerro de la Tabla, Cerro Avispa, Monte El Gato, Peña Domingo, Cerro La Santa, Depósitos de Mármol

Nicolás y Alicia Ramírez (artesanos)

Iglesia Nuestra Señora de la Asunción con Fresco de Nuestra Señora de las Mercedes, de Ramón Frade

HOSPEDERIAS

No disponibles.

RESTAURANTES

El Batey de Toñita

Jájome Terrace

Miramelinda

Jardín de Chiquitín

Cadamés

El Batey

El Cacique

El Mesón

La Plazoleta

Rodolfo's

La Hambuguera

Burger King

Mac Donalds

Casa Rosa

La Casona

La Finquita

FIESTAS DE PUEBLO

Feria Regional de Aguadilla (abril)

Olimpiadas del Torito (abril)

Fiestas Patronales Asunción de Nuestra Señora (agosto)

CEIBA

"LA CIUDAD DEL MARLIN, LOS COME SOPAS"

Alcaldía (809) 885-2180, (809) 885-3355

Fecha de Fundación: 1838 *Población: 17,145 (1990)*

Ceiba, nombre taíno de uno de los más grandiosos árboles autóctonos de Puerto Rico (Ceiba Pentandra) el cual exhibe una poderosa arquitectura, demostradora de fuerza y belleza. De la imponente forma de este árbol se inspira la fundación y existencia de este pueblo.

Desde el 1838 en los Llanos Costaneros del Este, tenemos en Puerto Rico el pueblo de la mina de hierro. Mejor conocido como "La Ciudad del Marlin" y "Los Come Sopas".

Ceiba es la cuna de la 'Mujer de las Américas', Doña Felisa Rincón Vda. de Gautier.

Cuenta con dos bosques; El Estatal de Ceiba y el Nacional del Caribe (Yunque), y su Puerto Ensenada Honda es uno de los mayores de la Isla. Este pueblo tuvo una mina de hierro, se llamó: La Esperanza.

ACCESOS

Norte: Fajardo PR 3
Sur: Pasaje de Vieques
        Naguabo PR 3
Este: Pasaje de Vieques
Oeste: Naguabo PR 3
        Río Grande N/A
Ríos: Daguao, Fajardo, Demajagua

LUGARES DE INTERES

Puerto de Ensenada Honda
Base Roosevelt Roads
Centro del Pueblo-Plaza e Iglesia
Alcaldía
Playa Los Machos, Medio Mundo
    Norte
Chimenea Antigua Hacienda Santa
    María
Mural Histórico de Ceiba

HOSPEDERIAS

Ceiba Country Inn
En el sector El Saco existen casas
para alquilar y hospedarse.

RESTAURANTES

Rest. Asociación de Pescadores
Rest. El Yvoneth
Rest. New China
Rest. La Sombra
Pizzería Chary Pizza

FIESTAS DE PUEBLO

Maratón de los Enamorados (febrero)
Festival de Marlin (mayo-junio)
Fiestas Patronales San Antonio de Padua (junio)
Fiesta Nacional de la Raza (octubre)
Maratón del Pavo (noviembre)

CIALES

"LOS VALEROSOS"

Alcaldía (809) 871-3500

Fecha de Fundación: 1820   *Población: 18,084 (1990)*

¿Sabía usted que a Ciales se le conocía como Lacy? Se dice que llevaba ese nombre en honor de un general español, Luis de Lacy. El nombre de Ciales está en controversia, ya que el poeta nacionalista Juan Antonio Corretjer nos dice que su origen es taíno Sibales (sitio de piedras) y otros creen que proviene de la familia Celis.

Lo que sí es sabido es que Ciales, hermoso pueblo montañoso es baluarte de la defensa de lo puertorriqueño, de lo autóctono. Personas de la grandeza de Juan A. Corretjer engrandecen el cognomento de los "Valerosos de Ciales".

ACCESOS

Norte:	Florida PR 642 - PR 632; Manatí PR 149
Sur:	Orocovis PR 157 - PR 567 - PR 145
Este:	Morovis PR 145
Oeste:	Utuado PR 146 y PR 140
Ríos:	Río Toro Negro, Río Yunes, Río Grande de Manatí, Río Cialitos

LUGARES DE INTERES

Antiguo Carro Bomba

El Puente Mata de Plátano (1905)

Panadería y Repostería Rebmarí (exposición sobre la ceremonia de la Cojoba)

Reserva Forestal Toro Negro

Cuevas de Importancia Arqueológica:

La Archillas

Las Golondrinas

Cueva Yuyú

Cueva Viento

La Virgencita

Torrefacciones de Ciales (Café Cibales)

Familia Villalobos (famosos muebles de paja)

Artesanos Carlos Vázquez y Manuel Rodríguez (santería)

Hacienda Negrón

HOSPEDERIAS

Hotel Puerta del Cielo (Próxima Apertura)

*Motel Richard

*Hacienda Negrón (apartamentos, camping)

RESTAURANTES

El Teléfono

Kalalú

Aldea

Las Líneas

La Rosa

La Terraza de los Hermanos Santiago

El Chef

FIESTAS DE PUEBLO

Festival de Agua Dulce (julio)

Fiestas Patronales Nuestra Sra. del Rosario y San José (octubre)

Festival del Frontón (julio)

Festival San Elías (julio)

---

*No reconocido por la Compañía de Turismo.

CIDRA

"EL PUEBLO DE LA ETERNA PRIMAVERA"

Alcaldía (809) 739-5791

Fecha de Fundación: 1809   *Población: 35,601 (1990)*

Pueblo privilegiado en ubicación y clima, pertenece a la Cordillera Central y posee una fresca temperatura promedio anual de 73°F (22° y 23°C). Por esto es conocido como "La Ciudad de la Eterna Primavera". La paloma sabanera (autóctona de P. R.), ave que en el 1962 se creía extinta, adorna frecuentemente su cielo y da un toque soberbio a la campiña cidrense.

Ya desde antes de fundarse el pueblo, existían plantaciones de cidra. Todas las evidencias apuntan a que de estas hereda su nombre el municipio.

Sus depósitos de Mármol Negro son uno de los más importantes de Puerto Rico.

En el 1945 se termina de construir el Embalse de Cidra, atractivo panorámico de este pueblo. Consta de una extensión de 300 cuerdas, una circunferencia de 47 millas y una longitud de 5 millas. Tiene una capacidad de 1,800 millones de galones de agua y suple a los municipios de San Juan, Cataño, Río Piedras, y a otros pueblos de la periferia.

ACCESOS

Norte: Comerío PR 172; Aguas Buenas PR 173
Sur: Cayey PR 171
Este: Caguas PR 173, PR 1
Oeste: Comerío PR 172; Aibonito PR 173
Ríos: Río de la Plata, Río Arroyata, Río de Bayamón

LUGARES DE INTERES

Iglesia del Carmen
Plaza
Casa Alcaldía
Arbol de Ceiba
El Puente de las Hamacas
Antiguo Teatro Iberia
Torre del Barrio Bayamón
Lago de Cidra
Hospital Panamericano

HOSPEDERIAS

*Hotel Flor del Valle
*Hotel La Rosa

RESTAURANTES

Don José
Los Dos Mangoes
Lucio's Rest.
La Estrella
La Casita Criolla
El 99 Taco's Place

FIESTAS DE PUEBLO

Semana Myrna Vázquez (febrero)
Fiestas Patronales Nuestra Señora del Carmen (julio)
Festival Paloma Sabanera (noviembre)

---

*No reconocidos por la Compañía de Turismo.

COAMO

"LOS MARATONISTAS"
"LA VILLA AÑEJA"

Alcaldía (809) 825-1495

Fecha de Fundación: 1579   *Población: 33,837 (1990)*

Cuando Juan Ponce de León buscaba la Fuente de la Juventud en Florida, él no se imaginaba que estaba tan cerca, en Puerto Rico, en el pueblo de Coamo. Sus aguas termales tienen propiedades medicinales y se dice que los taínos conocían de las mismas.

Coamo pertenece a los Llanos Costaneros del Sur, su nombre significa en taíno "sitio extenso y llano".

La Villa de San Blas de Illescas de Coamo, celebra en el mes de febrero, el maratón más famoso de P.R., conocido internacionalmente como El Maratón de San Blas.

La crianza de caballos es también parte de la vida de Coamo como lo es la avicultura, y es una de las industrias más importantes del país. No podríamos hablar de este pueblo sin mencionar que es la cuna de grandes artistas como Bobby Capó y María Teresa Babín.

Por ser el tercer pueblo más antiguo en la isla se le conoce como: "La villa añeja".

ACCESOS

Norte:	Orocovis PR 155; Barranquitas PR 14 - PR 162
Sur:	Santa Isabel PR 153; Salinas PR 154 - PR 153 - PR 14
Este:	Aibonito PR 14; Salinas PR 154 - PR 153 - PR 14
Oeste:	Villalba PR 150; Juana Díaz PR 14
Ríos:	Descalabado, Coamo, Cuyón

LUGARES DE INTERES

Baños de Aguas Termales
El Parador de los Baños de Coamo
El Potrero Los Llanos
Obelisco a los Soldados Caídos
Velódromo
Museo Histórico de Coamo
Coquilandia
Plaza e Iglesia

HOSPEDERIAS

Parador Baños de Coamo

RESTAURANTES

El Caribe Rest.
El Tamarindo
La Calesa
Los Muchachos
Villa Recreo
Chicken Burger
Steak House

FIESTAS DE PUEBLO

Fiestas Patronales "Candelaria" (febrero)
Carnaval Flor de Mayo (mayo)
Carnaval de la Yuca (agosto)
Carnaval del Juey (octubre)
Festival de Bomba y Plena (noviembre)
Medio Maratón de Coamo (febrero)

COMERIO

"LA PERLA DEL PLATA"

Alcaldía (809) 875-3445

Fecha de Fundación: 1826   *Población: 20,265 (1990)*

Pocas personas saben que Comerío se llamaba Sabana del Palmar, hasta que en el 1894 cambia el nombre a Comerío, nombre de un cacique que habitaba la región. Aunque existe la versión de aquel esclavo a quien su amo, un día en que el río estaba crecido, lo obligaba a cruzar el mismo y este exclamaba: ¡Ay amo que me come-rio!

Uno de los productos más importantes en la agricultura nacional fue el tabaco y este pueblo fue el baluarte del mismo. Se decía que el mejor tabaco de Puerto Rico se producía aquí.

En Europa y aun en Cuba se consumía el tabaco de Comerío, suma rareza, ya que este último se conoce por la calidad de su tabaco.

Este pueblo se encuentra en la Cordillera Central y lo baña al río más largo de P.R., el Río La Plata, con 48 km de extensión y cuya represa le daba energía eléctrica a más de 30 pueblos. Hoy el río es área de recreación para el pueblo.

ACCESOS

Norte: Naranjito PR 164 - PR 167 - PR 156;
            Bayamón PR 156
Sur: Cidra PR 172; Barranquitas PR 156
Este: Aguas Buenas 156; Cidra PR 172
Oeste: Barranquitas PR 156
Ríos: Río Hondo, Arroyata, La Plata

LUGARES DE INTERES

Represa
El Salto de Comerío
Lago del Río La Plata
Las Ruinas de las Fábricas de Tabaco
Cueva Mora (no abierta al público)
Area Recreativa Media Luna
Centro Cultural Comerileño
Cerro La Tiza
Doña Elena Alto (Escénico)
Río Hondo
Las Pailas

HOSPEDERIAS

Posada Harry*
EL Manantial Rodríguez*

RESTAURANTES

El Manantial Rodríguez
El Marne
Bodega
Eva
La Nueva Boricua
La Estrella
Cafetería Palomar
Pizzería Borínquen
Pub Pegasus (vida nocturna)

FIESTAS DE PUEBLO

Carnaval de Primavera (abril)
Festival Jíbaro (junio)
Fiestas Patronales Santo Cristo de la Salud (agosto)
Fiestas San Andrés Apostol (noviembre)

---

* No reconocidas por la Compañía de Turismo.

COROZAL

"LOS PLATANEROS"
"LA CUNA DEL VOLIBOL"

Alcaldía (809) 859-3060

Fecha de Fundación: 1804   *Población: 33,095 (1990)*

Cuando miramos las bellas montañas de Puerto Rico podemos observar una palma que no es la de cocos y que abunda en la costa; la palma de corozo. Su fruto se utiliza para hacer artesanías. Por la abundancia de la misma es que Corozal lleva este nombre.

Si visitamos este pueblo podremos ver las plantaciones de uno de los frutos nacionales más consumidos, el plátano. Son parte de la cocina de Corozal el inevitable tostón y el mofongo. El Festival del Plátano es uno de los mejores festivales de esa área. ¡No se lo pierda!

Este pueblo, perteneciente a las Colinas del Norte, se levanta orgulloso por su tradición deportiva del volibol. Ellos se denominan a sí mismos como la capital de ese deporte, y es su tradicional enemigo Naranjito, su pueblo vecino.

ACCESOS:

Norte: Vega Alta, PR 647 - PR 159 Toa Alta, PR 159 - PR 165
            PR 568 - PR 159 PR 152 - PR 164

Sur: Orocovis; Barranquitas; Naranjito PR 164

Este: Naranjito PR 164

Oeste: Morovis PR 159; Orocovis

Ríos: Río Grande de Manatí, Dos Bocas, Corozal, Cibuco, Mavilla

LUGARES DE INTERES

Centro Recreativo El Rancho
Cancha Bajo Techo Carmen Zoraida Figueroa
Monumento al Volibol
Ruta Panorámica

HOSPEDERIAS

No Disponibles.

RESTAURANTES

Ambiente Café
El Rancho
La Guinea
El Tigre
Loma Linda
El Yagrumo

FIESTAS DE PUEBLO

Fiestas Patronales de la Sagrada Familia (enero)
Carnaval de Corozal (junio)
Carnaval San Juan Bautista (junio)
Festival del Plátano (septiembre)
Festival del Corozo (octubre)

CULEBRA

"ISLA CHIQUITA"

Alcaldía (809) 742-3521, (809) 742-3291

Fecha de Fundación: 1880   *Población: 1,542 (1990)*

¿Quiére usted conocer un remanso de paz, tranquilidad, esparcimiento, hospitalidad, aventura y perfecta comunión con la naturaleza? A sólo 17 millas al este de la Isla Grande (P.R.), existe una isla archipiélago de una geografía excitante: CULEBRA. Esta isla de 7 millas de largo, 24 islotes costaneros, cayos, arrecifes, bosques y hermosas playas es actualmente un importante refugio de vida silvestre. Llamada en antaño Isla Pasaje y luego Isla de San Ildefonso, adquiere su actual nombre por este último; San Ildefonso de la Culebra.

Sin embargo, existe la versión de que su nombre se origina de la gran cantidad de culebras que aquí habitaban. Además, se le conoce como la "Isla Chiquita". El turismo en esta pequeña isla está muy bien organizado y el sentido del servicio es excelente.

TRANSPORTACION

Transportación Pública
Dos unidades de 17 pasajeros

TRANSPORTE AEREO

Flamenco Airways
Prestige Aviation
Vieques Air Link

TRANSPORTE POR MAR

*Autoridad de los Puertos Fajardo a
Culebra

ALQUILER DE AUTOS

Culebra Car Rental
Prestige Car Rental

LUGARES DE INTERES

Faro de Culebrita
Tanques de Guerra (Playa de Fla-
menco)
Pueblo Español
Puerto del Manglar
Monte de la Corona
Bahía Bioluminiscente La Pela
Puente Levadizo Dewey
Cayo Pirata
Monte Resaca
Jardínes de Corales Naturales (Los
Corchos, Piedra Ahoga)
El Polvorín
La Quinta
Aljibe Español
Playas Flamenco, Tamarindo, Larga,
Tortuga, Tampico, Las Vacas
Bahías Ensenada Honda, Dakiti,
Sardinas, La Perla, Mosquito, El
Almodóvar, Tamarindo y Flamenco
Refugio de Vida Silvestre (la isla y
todo el archipiélago)

HOSPEDERIAS

Villa Fulladosa
Villa Boheme
Coral Island
Hotel Puerto Rico
Posada La Hamaca
Club Seabourne
Harbor View Villas
Punta Aloe Guest House
Culebra Island Chalets
Bay View Villas

LUGARES PARA ACAMPAR

Playa Flamenco

RESTAURANTES

Rest. El Batey	Café Culebra
Dingy Duck B.B.Q.	Chuck's Pizza
Culebra Deli	Café Flamingo
El Caobo	El Navegante
Club Seaborn Rest.	
Martha's Island Deli	

FIESTAS DE PUEBLO

Competencias Windsurfing (febrero)
Torneo de Pesca (marzo)
Fiestas Patronales Virgen del Carmen (junio)
Fiesta de Artesanía (noviembre)

---

*Puedes llevar tu carro, hay que hacer arreglos previos.

DORADO

"CIUDAD EJEMPLAR"

Alcaldía (809) 796-1230

Fecha de Fundación: 1842   *Población: 30,759 (1990)*

En los márgenes de la desembocadura del Río La Plata, el río más largo de Puerto Rico, se encuentra un bello pueblo. Su gente se siente tan orgullosa del pueblo que su residencial está catalogado como el más limpio de Puerto Rico.

Sus arenas blancas brillan de tal manera que cuando se pone el sol el pueblo adquiere un color dorado brillante, por esto el nombre de Dorado. Aunque algunos estudiosos indican que una familia de apellidos Dorado le dejó por herencia este nombre.

Perteneciente a los Llanos Costaneros del Norte, área perfecta para establecer dos de los hoteles de lujo más importantes del país, El Dorado Beach y el Hotel Cerromar. Ha sido propicia también esta área para tener el mejor campo de golf en Puerto Rico y la piscina más larga del mundo localizada en el Hotel Cerromar. Estos hoteles han traído al pueblo gran número de turistas que quedan enamorados de sus parajes.

Se dice que en la desembocadura del Río La Plata en el área del Ojo del Buey, el pirata Cofresí escondió un tesoro que nadie ha podido encontrar.

ACCESOS

Norte: Océano Atlántico
Sur: Toa Alta PR 824
Este: Toa Baja PR 165 y PR 2
Oeste: Vega Alta PR 2, Vega Baja; PR 689 - PR 693
Ríos: La Plata, Conococal, Cano Estación, Nuevo, Lajas

LUGARES DE INTERES

Teatro Juan Boria
Casa de Rey
Casa Alcaldía
Plaza de los Doradeños Ilustres
Bazar del Parque
Coliseum
Balneario Sardinera
Parque Regional Ojo del Buey
Monumento Ferdinand Cestero
Area Recreativa Orilla del Río La
    Plata
El Parquesito
Aeropuerto
Parque de Golf
American University
El ojo del Buey

HOSPEDERIAS

Hyatt Dorado Beach
Hyatt Regency Cerromar (piscina
    más larga del mundo)

RESTAURANTES

El Dorado
El Malecón
La Terraza
Hyatt Cerromar
Hyatt Dorado Beach
Jewel of China
Ladrillo
Sirena del Mar
Yardas House

FIESTAS DE PUEBLO

Fiestas Patronales San Antonio de Padua (julio)
Feria de Acción de Gracias (noviembre)
Festival de la Plata (diciembre)

FAJARDO

"EL PUEBLO DE LOS CARIDUROS"

Alcaldía (809) 863-1400, (809) 863-0005

Fecha de Fundación: 1772   *Población: 36,882 (1990)*

En la esquina más al este y al norte de Puerto Rico encontramos una costa que se prolonga como una pequeña península. Aquí se pueden ver unas formaciones que asemejan tres cabezas. Los colonizadores las llamaron "Las Cabezas de San Juan" al ser el primer punto que avistaban de la isla de San Juan Bautista. Esta exquisita zona se corona con un faro y cuenta con una laguna bioluminiscente, playas de alta y baja energía de oleaje, bosques secos, bosques de mangles, asentamientos arqueológicos y durante algunos meses las ballenas pasan por este santuario cuando migran hacia la República Dominicana para aparearse. Esto es sólo un recodo de Fajardo, pues todavía hay mucho más que ofrecer.

Se le conoce como la "Ciudad del Sol Naciente" por ser el primer pueblo de la isla en recibir al Astro Rey. Pertenece a la región de los Llanos Costaneros y la Sierra de Luquillo.

Santiago apóstol, su santo patrón, fue un guerrero dispuesto a morir por sus creencias. De carácter obstinado y testarudo. Ante el asecho de enemigos de España ya adentrados en las Antillas Menores, los fajardeños siempre se comportaron con gallardía y valor. Fajardeño: Cariduro.

ACCESOS

Norte:	Océano Atlántico
Sur:	Ceiba PR 3
Este:	Océano Atlántico
Oeste:	Luquillo PR 3
Ríos:	Fajardo

LUGARES DE INTERES

El Faro, Las Cabezas de San Juan, Laguna Bioluminiscente
Las Croabas
Playa Seven Seas (Las Cabezas)
Demajagua, Punta Fajardo, Mata Redonda, Sardinera, Las Croabas, Socorro, Pantano, El Convento, Puerto Real, Acapulco
Marina Puerto Real
Centro del Pueblo
Islas Cordilleras Palomino, Palominito, Cayo Icacos
Iglesia Santiago Apóstol
Aeropuerto
Isleta Marina
Villa Marina
Marina Puerto Chico
Antigua Central Fajardo
Universidad Interamericana
Bahía Demajagua

HOSPEDERIAS

Hotel El Conquistado (próxima abertura)
Parador La Familia
Guest House Express*
Sardinera Family Guest House*
Hotel Delicias

RESTAURANTES

El Timón	El Bohío
Arche's	El Chapín
El Galeón	Las Croabas
Mi Deli	Sardinera
Vieques y Culebra	Anchor's Inn
Rosa Sea Food	La Barcaza
El Paraíso Café	El Trasmallo
Parador La Familia	
Joe'sPatio Steak House	
El Rincón Criollo	

FIESTAS DE PUEBLO

La Bicicletada Fajardeña (abril)
Festival de Chiringas (abril)
Regata de Veleros Copa Kelly (abril)
Festival Bomba y Plena (mayo)
Fiestas Patronales Santiago Apóstol (julio)
Fiestas del Paraíso (agosto)
Festival Cocolía (noviembre)
Carnaval del Cariduro

---

*No reconocidos por la Compañía de Turísmo.

FLORIDA

"LA TIERRA DEL RIO ENCANTADO"
"EL PUEBLO DE LA PIÑA CAYENALISA"

Alcaldía (809) 822-2600

Fecha de Fundación: 1971   *Población: 8,689 (1990)*

Florida es el pueblo más joven de Puerto Rico, delicioso sabor a piña lo adorna. Se dice que la piña más dulce del mundo se cosecha aquí (Cayenalisa). Este pueblo pertenece a las Colinas del Norte y su nombre proviene de la gran cantidad de flores y bella vegetación de la zona.

Su río encantado, que aparece y desaparece a ratos en la superficie, pasa por debajo de la plaza de recreo de este pueblo. Esto hace que su río subterráneo le economice puentes al gobierno municipal. En Florida no hay puentes.

Por estar localizado entre Mogotes (pequeños montículos de piedra caliza) parece una ciudad amurallada, ...naturalmente.

ACCESOS

Norte: Barceloneta, PR 140
Sur: Ciales, PR 140
Este: Manatí, PR 642
Oeste: Arecibo, PR 2 y 140
Ríos: Río Encantado (subterráneo)

LUGARES DE INTERES

Pepe's Bar

Centro Cultural Yanés

Piña Cayenalisa

Ruta Panorámica -escénicas son sus notables mogotes

La Cueva Encantada

Florida tiene cuevas fantásticas que todavía no están abiertas al público.

HOSPEDERIAS

No Disponibles.

RESTAURANTES

El Zubo

Poly's Restaurant

Cheung Fung

FIESTAS DE PUEBLO

Festival de Reyes (enero)

Certamen de Aguinaldo (enero)

Fiestas Patronales Nuestra Sra. de la Merced (septiembre)

Fiesta Cultural Río Encantado (octubre)

Certamen de Tiple y Bordonúa

Festival de la Piña Cayenalisa

GUANICA

"EL PUEBLO DE LA AMISTAD"
"EL PUEBLO DE LAS DOCE CALLES"

Alcaldía (809) 821-0683

Fecha de Fundación:1508   *Población: 19,984*

Dicen que el que entra a Puerto Rico por este lugar, se queda. Su bahía está considerada como una de las mejores del planeta.

La historia de este pueblo comienza con el establecimiento de importantes aldeas indígenas.

Muchos historiadores afirman que fue esta área la capital taína de Borinquen al tener su aldea el cacique principal de la Isla, Agüeybaná.

GUA, significa "he aquí"; NI, significa "agua"; CA, significa "lugar". En la lengua taína este nombre significaba, "he aquí un lugar de agua". Son muy pocos los que saben que por la misma bahía por donde entraron los españoles en 1508, dirigidos por Juan Ponce de León, entraron los norteamericanos en 1893 dirigidos por Nelson C. Miles.

Es el pueblo de la historia, de la estupenda bahía, de la caña de azúcar, del antiguo faro, del bosque seco, del caprón,* de los canales de mangles, de hermosas playas, de fabulosas islas tropicales, de la piedra de los norteamericanos. Por muchos años esta región comenzó a poblarse de pescadores, ganadores y agricultores, y se convirtió en el principal puerto de Yauco, hasta su separación de este en 1914. Este pequeño pueblo ubica en los Llanos Costaneros del Sur.

Su bosque xerofítico (10,000 cuerdas) ha sido declarado reserva de oxígeno y de investigación científica por las UNESCO organización para la preservación del patrimonio natural y cultural de la humanidad, que pertenece a la O.N.U.

---

*Pequeña torre localizada en lo alto del bosque, de donde se dominan espectaculares vistas panorámicas.

ACCESOS

Norte:	Sabana Grande, PR 2
Sur:	Mar Caribe
Este:	Yauco, PR 116
Oeste:	Lajas, PR 116
Ríos:	Río Loco

LUGARES DE INTERES

La Bahía de Guánica
Bosque Seco de Guánica
Fortín del Caprón
Bahía Ballena
Playa Tamarindo
Balneario Caña Gorda
Playa Azul
Playita Rosada
Playa Manglillo
Playa Santa
Playa Punta Jorobado
Ensenada Las Pardas
Central Guánica
Isla de Guilligan
Plantaciones de Uva
Piedra Monumento de la Invasión
Norteamericana
Casa Alcaldía
Centro del Pueblo
El Malecón

HOSPEDERIAS

Hotel Copamarina
Marie Lee's Resort
Centro Vacacional Playa
Santa del Caribe
Villa Cairí

RESTAURANTES

La Concha
El Bade's Rest.
El Caracol Sea Food
El Marino
El Patio
Jay Sea Food
Rest. San Jacinto
Blue Marlin
Rest. Hotel Copamarina
Guánica Sea Food
Los Hornos

FIESTAS DE PUEBLO

Festival del Pescao (abril)
Fiestas Patronales Santiago Apóstol (julio
Desfile 25 de julio (julio)
Celebración y Protesta por la Invasión de los Norteamericanos (25 de julio)
Celebración Llegada de Juan Ponce de León (12 de agosto)

GUAYAMA

"LA CIUDAD BRUJA"

Alcaldía (809) 864-0600, (809) 864-4909

Fecha de Fundación: 1736   *Población: 41,588 (1990)*

Fue por "Moncho El Brujo" aquel lanzador del equipo de Guayama, hijo de un hechicero guayanés, que le llamamos a este pueblo "La Ciudad Bruja". Sabemos de aquellas algarabías en los juegos de pelota donde los fanáticos de Guayama llevaban velas, polvos mágicos o "mata bruja" para así sugestionar a los oponentes, creando de "Moncho" un héroe mítico-deportivo y dándole a la ciudad su particular sobrenombre.

Guayama deriva su nombre de Guamaní, nombre taíno de la zona o río, que significaba "Nuestro Camino" o "Sitio Grande". También existe la versión de la existencia del Cacique Guayama aquel que fue apresado por los españoles y desterrado a Santo Domingo.

Localizado en los Llanos Costaneros del Sur y por la importancia de su puerto en siglos pasados, este municipio fue responsable de la fundación de varias ciudades que ahora existen en el área sureste.

Tiene el centro histórico más íntegro de Puerto Rico, fuera del Viejo San Juan.*

---

*Héctor Santiago, conservacionista
Instituto de cultura, Ofic. Regional Humacao

ACCESOS

Norte:	Cayey, PR 179 y PR 15
Sur:	Mar Caribe
Este:	Patillas; Arroyo, PR 3
Oeste:	Salinas, PR 3
Ríos:	Río La Plata, Río Guanamí, Río Seco

LUGARES DE INTERES

Casa Cautiño (1887)
Busto Luis Palés Mato
Fuente de Agua Más Grande de Puerto Rico
Molino Vives (1828)
Estación de Radio Rvdo. Geñito
Bosque Aguirre
Bahía de Jobos
Iglesia San Antonio de Padua
Plaza
Alcaldía
Lago Carite, Melaría
Playas: Rodeo Sur, Pozuelo, Las Mareas, Mar Negro

HOSPEDERIAS

Posada Guayama
Carita Village

RESTAURANTES

El Viejo Molino
El Suarito
Mónica
La Guásima
La Galería
La Fortaleza
El Rancho
Don Toño

FIESTAS DE PUEBLO

Carnaval Brujo (marzo)
Feria Dulces Sueños (marzo)
Feria y Exposición de Caballos de Paso Fino (marzo-junio)
Fiestas Patronales San Antonio de Padua (junio)
Festival Jíbaro (octubre)
Semana Puertorriqueña (diciembre)

GUAYANILLA

"EL PUEBLO QUE CORRE EN YEGUA"

Alcaldía (809) 835-2660

Fecha de Fundación: 1833   *Población: 21,581 (1990)*

Nuestros pirmeros pobladores llamaban a esta región Guaynía, palabra que al españolizarse se nombró Guayanilla. El área estaba muy poblada por grupos indígenas taínos de los que se ha encontrado evidencia. Muchos historiadores afirman que el cacique principal de la Isla, Agüeybaná, gobernó desde esta región.

Los españoles trataron de establecerse desde principios de la colonización, pero las enfermedades, los mosquitos y los continuos ataques de caribes, piratas y corsarios les obligaron a mudarse y a abandonar la región.

Los primeros pobladores se dedicaron a la agricultura y a la pesca. Al pasar los años el pueblo cobró gran importancia al desarrollar el cultivo de la caña de azúcar y al recibir la llegada a sus costas de un gran número de familias extranjeras. En este pueblo puedes encontrar áreas tanto en los Llanos Costaneros del Sur, como en las Colinas del Sur y la alta Cordillera Central. Esto le ofrece una gran variedad de alternativas a los visitantes.

Muy pocos saben que en este pueblo se encuentra parte del Bosque Guilarte. El Pueblo del Faro, de los Islotes Mata Redonda y María Langa, de una de las mejores bahías del mundo, de hermosos canales de mangles, del yacimiento arquelógico de Tecla.

ACCESOS

Norte:	Adjuntas. N/A
Sur:	Mar Caribe
Este:	Peñuelas, PR 2 y PR 127
Oeste:	Yauco, PR 132 y PR 335
Ríos:	Guayanilla, Macaná, Río Yauco

LUGARES DE INTERES

Playas: La Ventana, Tamarindo, Guayanilla y Emajagua
Peñosillo (lugar escénico)
Bosque Xerofítico de Guánica
Chorro del Oro
Cuevas del Convento
Casa Alcaldía
Centro del Pueblo
Ruinas Central San Francisco
Castillo Mario Mercado
Puerto de Guayanilla
Sector El Triángulo
Bosque Guilarte

HOSPEDERIAS

No disponibles.

RESTAURANTES

Bella China
Pichi's
La Guardarraya
Mi Casita
Perla del Caribe
Cocoticos Place

FIESTAS DE PUEBLO

Festival de la Chiringa (abril)
Festival de Playa (mayo)
Fiestas de Cruz (mayo)
Fiestas Virgen del Carmen (junio)
Festival del Marisco (junio)
Carnaval del Pueblo (julio)
Maratón Femenino (noviembre)
Fiestas Patronales Inmaculada Concepción de María (diciembre)

GUAYNABO

"CAPITAL DEL DEPORTE"

Alcaldía (809) 720-4040

Fecha de Fundación: 1769   *Población: 92,886 (1990)*

Hubo un cacique llamado Mabó que estaba en busca de un lugar donde establecer su "yucayeque", y al llegar a esta región exclamó "¡he aquí otro lugar de agua dulce!", es decir, el cacique excamó "¡Gay Na Bo!". Guaynabo es un pueblo que nos ubica en los primeros años de la colonización cuando Juan Ponce de León, al igual que el Cacique Mabó, escogió este lugar para establecer su primer poblado, Caparra, primera capital de nuestra Isla. Guaynabo está localizado en los Llanos Costaneros del Norte.

Este pueblo se destaca por sus actividades deportivas, por lo que cuenta con muchas facilidades como el Coliseo Mets Pavillion, Cancha de Volibol Bajo Techo, Mini Estadio de Softball, etc. Pero no sólo se distingue Guaynabo por el deporte, sino también por sus lujosas residencias, sus modernos proyectos públicos, y por ser sede de numerosas industrias y empresas. Entre los naturales de Guaynabo se destaca la figura de Don Román Baldorioty de Castro, maestro y luchador incansable por la autonomía de Puerto Rico.

Hay una parte de Guaynabo que llega a la Bahía de San Juan y hasta las primeras calles de la zona urbana de Cataño.

ACCESOS

Norte:	Cataño, PR 165, Bahía San Juan
Sur:	Aguas Buenas, PR 174
Este:	San Juan, PR 1, PR 23, PR 22
Oeste:	Bayamón, PR 177
Ríos:	Río de Guaynabo, Río de Bayamón

LUGARES DE INTERES

Don Juan Tropical Country Club
Ruinas de Caparra Museo
Busto Baldorioty de Castro
Monumento en Honor a Román Baldorioty de Castro
Mets Pavillion
Centro Recreacional Caribe
Cueva del Monte Caneja

HOSPEDERIAS

Hotel Marquez*
Centro Recreacional del Caribe (cabañas por fines de semana)
La Hamaca*
El OK*
La Fuente*

RESTAURANTES

Rest. Puerto Esmeralda
Rest. Rancho Martín Fierro
Cuqui's Rest.
Eastern Rest.
El Tequilón de Alex
Fong Jon
Don Juan Tropical Country Club

FIESTAS DE PUEBLO

Carnaval Mabó (febrero)
Fiestas Patronales San Pedro Mártir (mayo)
Día Nacional de la Salsa (junio)
Festival Guaynabo Antaño

---

*No reconocidas por la Compañía de Turismo.

GÚRABO

"CIUDAD DE LAS ESCALERAS"
"CIUDAD DE LOS ALPINISTAS"

Alcaldía (809) 737-8411

Fecha de Fundación: 1815   *Población: 28,737 (1990)*

Hay un pueblo en Puerto Rico que impresiona por lo alto de sus escaleras situadas en área urbana y que sirven de recurso para el bienestar físico de los gurabeños. A Gurabo se le conoce como "La Ciudad de las Escaleras".

Toma su nombre del Río Turabo. Este divide a Gurabo de Caguas. Aunque también es atravesado por el Río Grande de Loíza. Pertenece a la región del Valle Interior de Caguas y la Sierra de Luquillo.

Nos cuenta Fernando Picó de aquel noble esclavo apresado por cimarrón que durante el huracán del 1867 cuando se derrumbó la cárcel, en vez de huir, se quedó ayudando a los vecinos víctimas del fenómeno. Al llegar los milicianos fue preso nuevamente en espera de castigo. Sin embargo, tal fama cobró Juan de Dios, ese era su nombre, que fue libertado por intervención del gobierno y recolectas de vecinos. ¡Ah! Pregunte por el Yuré y el tesoro de Ausubal.

HATILLO

"EL PUEBLO SIN SOPA"

Alcaldía (809) 989-3840

*Fecha de Fundación:*1823   *Población: 32,703 (1990)*

"Si Dios un día... cegara toda fuente de luz, el Universo se alumbraría con esos ojos que tienes tú..." Así expresa uno de los más conocidos poemas de nuestra Isla, escrito por el personaje más destacados de este pueblo, José P.H. Hernández.

Se funda el poblado original en una hondonada de un hato (hacienda dedicada a la cría de ganado) en los Llanos Costaneros del Norte, que se conocía como el Hatillo del Corazón. Sus primeros pobladores se dedicaban a la agricultura y a la ganadería.

La caña de azúcar adquirió una gran importancia, por lo que se ocupó gran parte del terreno en esta siembra.

Símbolo hatillano lo son, sin lugar a dudas, sus máscaras y sus enmascarados que colorean las fiestas de este pueblo costero. Son muy pocas las personas que se saben que en Hatillo existen fabulosas cuevas que forman parte del extenso sistema de cavernas y cuevas del tercer río subterráneo más caudaloso del mundo, el Río Camuy. Algunas de elllas son la Cueva del Agua, de la Catedral, Ensueño, La Luz y la famosa Cueva Clara de Empalme, atracción principal del Parque de las Cavernas del Río Camuy. Hatillo es el área lechera más importante del país con más de 120 vaquerías activas.* Además, este es uno de los pueblos más costeros de Puerto Rico al encontrarse a tan solo 7 pies sobre el nivel del mar.

Su cognomento proviene de la anécdota sobre un viajero del tren que al no poder encontrar un lugar donde comer sopa de despidió del pueblo diciendo: "Adiós Hatillo, pueblo sin sopa".

---

*Una tercera parte de la leche producida en Puerto Rico. El mayor productor de leche en el mundo por milla cuadrada. "Carlos Aguilar -Municipio de Hatillo.

ACCESOS

Norte: Océano Atlántico
Sur: Utuado, N/A
Este: Arecibo, PR 129, PR 134, PR 2, PR 22
Oeste: Camuy, PR 129; Lares, PR 134
Ríos: Camuy

LUGARES DE INTERESES

Iglesia Católica
Ruinas Hacienda Santa Rosa*
Chimeneas de Santa Rosa (trapiche)
Antigua Central Bayaney
Parque de Las Cavernas del Río Camuy
Cuevas de Pagán
Cuevas de Hatillo
El Iglú de Botellas y Centro Recreativo
Playas Saldinera y La Marina
Aserradero Máquina en la Cuesta del Río
Sembradío de caña energética
Don José Benigno
Monumento al ganadero

HOSPEDERIAS

Areas para acampar y para remolques:
Punta Maracayo Camping
San Isidro Camps
Saldinera Camping
Motel Panamericana**

RESTAURANTES

El Buen Café
Rest. Chino Hatillo
El Mejor Café
Tropical
Cafetería Román

FIESTAS DE PUEBLO

Fiestas Patronales Virgen del Carmen (julio)
Festival de la Máscara (dic.)
Festival Nacional del güiro (dic.)

Nota: El tradicional juego del truco se celebra sólo en Hatillo, en todos los lugares y durante todo el año (juego de barajas españolas)

---

*Se dice que la cason está embrujada debido a una tragedia ocurrida allí.

**No reconocido por la Compañía de Turismo.

HORMIGUEROS

"EL PUEBLO DEL MILAGRO"

Alcaldía (809) 849-2485

Fecha de Fundación: 1874   *Población: 15,212 (1990)*

Cuenta una leyenda que hace muchos siglos se perdió en los bosques de esta región la hijita de 8 años de Don Giraldo González. Después de haberla buscado durante 15 días, la niña apareció sana y salva, esta lucía bien atendida y cuidada. Cuando se le preguntó cómo había podido escapar al daño, dijo que una señora la había alimentado y cuidado. Los habitantes de la pequeña aldea le adjudicaron el milagro a la Virgen de la Monserrate. Este evento provocó que muchas personas devotas a esta virgen se establecieran en la región. Hormigueros, uno de los pueblos más pequeños de Puerto Rico, está ubicado en los Llanos Costaneros del Oeste. Si te encontraras en la Cordillera Central y miras hacia el área donde se encuentra este pueblo, verás que la topografía de esta región simula un gigantesco hormiguero, por lo que a los españoles se les ocurrió la idea de nombrarle "Valle de Hormigueros". El puertorriqueño más destacado de este pueblo lo es, sin lugar a dudas, Don Segundo Ruiz Belvis, un gran ser humano que luchó por la libertad de los esclavos negros y por la libertad de su patria.

ACCESOS

Norte:	Mayagüez, PR 2, PR 114
Sur:	Cabo Rojo, PR 103
Este:	San Germán, PR 2
Oeste:	Cabo Rojo, PR 100
Ríos:	Guanajibo, Rosario

LUGARES DE INTERES

Santuario de la Virgen de la Monserrate

Residencia Márquez Deulofeu, una de las más antiguas de Puerto Rico

Central Eureka

Centro Recreativo Finca Birán

HOSPEDERIAS

Finca Birán

RESTAURANTES

Casa Blanca
El Conejo Blanco
Shangri-La

FIESTAS DE PUEBLO

Fiestas Patronales Virgen de la Monserrate (septiembre)
Aguinaldos (diciembre)
Maratón Segundo Ruiz Belvis (septiembre)

HUMACAO

"LA CIUDAD GRIS, LA PERLA DEL ORIENTE"

Alcaldía (809) 852-3066

Fecha de Fundación: 1722   *Población: 55,203 (1990)*

En un llano costanero rodeado en forma de herradura por montañas y con el Canal de Vieques bañando sus arenas, encontrarás a Humacao, "La Perla del Oriente".

Conocido como "La Ciudad de los Grises" posiblemente por su pasado azucarero cuando la intensa actividad de las centrales Ejemplo y Pasto Viejo inundaban de gris su derredor.

En este pueblo se yergue con gracia y elegancia una obra de gran importancia para la arquitectura doméstica de la isla: la Casa Roig, una creación de una gran artista, El Checo, Antonín Nechodoma.

Nativa de este pueblo* es Rita Moreno quien tiene en su haber: un Oscar, un Tony, un Grammy y un Emmy. Quizás sea el único ser humano que ha recibido todos estos premios.

---

*El sector donde nació y creció Rita Moreno desapareció bajo el río durante unas crecidas.

ACCESOS

Norte:	Naguabo, PR 3-924
Sur:	Yabucoa, PR 30
Este:	Pasaje de Vieques
Oeste:	Las Piedras, PR 30-198
Ríos:	Candelero, Humacao, Antón Ruiz

LUGARES DE INTERES

Iglesia Dulce Nombre de Jesús
Museo Casa Roig
Poblado Punta Santiago
Balneario Punta Santiago
Plaza de Recreo
Casa Alcaldía
Monumento al Maestro
Escuela de Aviación
Aeropuerto de Humacao
Cayo Santiago (Isla de Monos)
Refugio Vida Silvestre
   Laguna Santa Teresa
Colegio Regional de Humacao
Observatorio Astronómico
Palmas del Mar
Centro Cultural Antonia Sáez (Antigua Alcaldía)
Playa Palma Alta Icacos
Playa Punta Candelero
Playa El Morrillo
Playa Buena Vista
Ermita Guzmán

HOSPEDERIAS

Palmas del Mar   Hotel Oriente*

RESTAURANTES

Varios en Palmas del Mar
La Brasa Steak House
Church Fried Chicken (2)
Kentucky Fried Chicken
Rest. Daniel Sea Food
Rest. Tulio's Sea Food
Rest. El Castillo Chino
Rest. El Mediterráneo
Rest. María & Nemensio
Rest. Costa del Sol
Rest. Pancho Villa
Paradise Sea Food
Rest. Martínez
La Ponderosa   Burguer King (3)
Rest. El Jibarito   Rest. Pagán
Rest. Banyantree   Rest. Paola
Rest. Ding Now   Rest. Ten Po
Rest. El Teléfono   Pizza Hut

FIESTAS DE PUEBLO

Fiestas de Reyes (enero)
Festival de Bomba y Plena (abril)
Fiestas de Cruz (mayo)
Festival de la Pana en Bo. Mariana (agosto)
Fiestas Patronales Inmaculada Concepción de María (diciembre)

---

*No reconocidos por la Compañía de Turismo.

ISABELA

"LOS GALLITOS"

Alcaldía (809) 872-2100

Fecha de Fundación: 1819   *Población: 39,147 (1990)*

Muy pocos saben que esta región, dominada por el Cacique Mabodomaca fue una de las aldeas indígenas más importantes de Borinquen, algo así como una segunda ciudad taína. Al pasar de los años se establece una pequeña comunidad conocida como San Antonio de la Tuna, que se extendía desde lo que hoy es Isabela hasta Camuy. Luego se muda más hacia la costa y la rebautizan como Isabela en honor a la Reina Isabel de Castilla.

Pueblo de caballos de paso fino, de los quesitos de hoja, de los gallos de pelea, del pozo de Jacinto, de Playa de Jobos y de Noel Estada, autor de la afamada canción "En Mi Viejo San Juan".

Este hermoso pueblo ubicado en los Llanos Costaneros del Norte es muy conocido por sus fiestas, festivales y eventos playeros. En estas tierras se establecieron familias procedentes de Venezuela, Francia, Dinamarca, República Dominicana, que contribuyeron notablemente al progreso de toda la región. Parte del Bosque Guajataca pertenece a este municipio. Sus mogotes, sus cuevas, sumideros, paisajes, playas, gente, festivales, el "surfing", su historia, son detalles característicos de este exótico lugar.

ACCESOS

Norte:	Océano Atlántico
Sur:	San Sebastián, PR 446, 2
Este:	Quebradilla, PR 113, 2
Oeste:	Aguadilla, PR 2; Moca, PR 112

LUGARES DE INTERESES

El Pozo Brujo
El Pozo de Jacinto
Playas Sardinera, Nontane, Chesna y Jobos
Plaza y Centro de Pueblo

HOSPEDERIAS

Villas de Hau
Bosque Verde*
El Paso*
Costa Dorada

RESTAURANTES

El Bambú
El Nuevo Bosque
La Estrella de Oro
La Familia
Las Delicias
Three Brothers Freeze

FIESTAS DE PUEBLO

Fiesta de Gallo Isabelino (febrero, nov.)
Festival del Tejido (mayo)
Fiestas Patronales San Antonio de Padua (junio)
Día de los Santos Inocentes (dic.)
Festival de Surfing

---

*No reconocidas por la Compañía de Turismo.

JAYUYA

"LA CIUDAD DE LA TIERRA ALTA"
"LA CAPITAL INDIGENA"

Alcaldía (809) 828-5010

Fecha de Fundación: 1911   *Población: 15,527 (1990)*

Petroglifos, pictografías, caballos andaluces, revueltas nacionalistas, tomates y familias corsas son la herencia de este pueblo. Localizado en la Cordillera Central, y con dos de los picos más altos de Puerto Rico, Cerro Punta (4,398 pies) y los tres picachos (3,952) es Jayuya un lugar hermoso para visitar. Sus montañas se visten de café y sus ríos evidencian su vida taína.

En esa época dominaba la región el imponente Cacique Hayuya. En honor a él lleva su nombre.

Disfrute de la hermosura del paisaje y relájese del estrés en su tranquilo Parador Gripiñas.

Nemesio Canales, legislador que logró el derecho al voto para las mujeres puertorriqueñas, nació en Jayuya y fue político y escritor humorista.

ACCESOS

Norte: Utuado PR 111-140-144; Ciales PR 149-144; Florida PR 140-141
Sur: Ponce PR 10-143-140-144; Juana Díaz PR 149-144
Este: Orocovis PR 157-533-141-149-143; Ciales PR 149-144
Oeste: Utuado PR 111-140-144
Rios: Jauca, Saliente, Jayuya, Limón, Yunes, Caricaboa

LUGARES DE INTERES

Cerro Punta (4,398)
Tres Picachos (2,952)
Museo Cemí
Gran Cantidad de Petroglifos (piedra escrita, en Baino Zama)
Monumento al Cacique Hayuya
Belleza del paisaje
Museo del Indio
Monumento a Nemensio Canales
Res. Elpidio Collazo (Maestro Artesano)
Balneario La Piedra Escrita
Bosque La Piedra Escrita
Bosque Toro Negro
Centro Artesanal Cátedra
Centro Cultural Jayuyano
Nota: En Jayuya existe una gran cantidad de artesanos.

HOSPEDERIAS

Parador Gripiñas
El Cemí*
Hospedaje Viana*
Hospedaje La Loma*
Hotel Jayuya*

RESTAURANTES

El Dujo
Parador Gripiñas
Tito's Rest.
El Hequeti
La Fragua

FIESTAS DE PUEBLO

Festival Jíbaro del Tomate (febrero)
Fiestas Patronales Virgen de la Monserrate (septiembre)
Festival Indígena (noviembre)

---

*No reconocidos por la Compañía de Turismo

JUANA DIAZ

"LA CIUDAD DEL MAVI"

Alcaldía (809) 837-2120

Fecha de Fundación: 1817   *Población: 45,198 (1990)*

En el Llano Costanero del Sur, muy cerca de Ponce, hay un pueblo con características muy propias, donde el calor y la sed son mitigadas con el champán puertorriqueño: el maví. Esta rica bebida dulce encuentra sus mejores confeccionadores en Juana Díaz.

Aquí se explotan los yacimientos de mármol crema (Botichino) el mismo ha resultado ser uno de los cinco mejores del mundo, a la luz de recientes pruebas realizadas en Italia y en Estados Unidos*.

Este pueblo celebra el mejor día de Reyes de Puerto Rico. Por eso los puertorriqueños decimos "a reyar pa' Juana Díaz". Por cierto, fue una mujer, la Sra. Juana Díaz la que luchó para la fundación del mismo. Pero si de algo se sienten orgullosos los juanadinos, es de ser cuna de grandes poetas de Borinquen, como Luis Lloréns Torres... "Cuando salí de Collores fue en una jaquita baya por un sendero entre mayas arropás de cundeamores".

---

*Mármoles Vasco, Inc. Ponce, Puerto Rico

ACCESOS

Norte: Orocovis, PR 155-143-151-149; Villalba, PR 149
Sur: Mar Caribe
Este: Coamo, PR 14; Santa Isabel, PR 52
Oeste: Ponce, PR 14 PR 52
Ríos: Jacaguas, Descalabado, Juabón, Guayo, Cañas

LUGARES DE INTERES

Centro Vacacional Villa Los Angeles
Plaza Monumento a los Santos Reyes
Salto del Río Guayo
La Represa
Lago Guayabal y Lago Ponceña
Cuevas de Efraín Delecio
Bosque Toro Negro

HOSPEDERIAS

Villa Los Angeles
Motel Campo Amor

RESTAURANTES

R. Restaurant
Parrillada Steak House
El Monte
Iván Restaurant

FIESTAS DE PUEBLO

Carnaval del Maví (marzo)
Festival Sapo Toro (abril)
Semana Llorensiana (mayo)
Fiestas Patronales San Ramón Nonato (sept.)
Fiestas Puertorriqueñas (dic.)
Festival Santos Reyes (dic.-enero)

JUNCOS

"LOS MULOS DEL VALENCIANO"

Alcaldía (809) 734-0335

Fecha de Fundación: 1797   *Población: 30,612 (1990)*

Uno de los juegos nacionales de Puerto Rico lo es sin lugar a dudas el beísbol. Tanto es así que en conversaciones de vecinos siempre hay aquél que conoce todos los promedios de los jugadores de tal o cual equipo. Las comparaciones nunca faltan. La historia del equipo de pelota de Juncos no ha sido la excepción. En su inicio gana el subcampeonato y el año próximo el campeonato. Así, acto seguido, se le comparó con los Yanquis de Nueva York, a los que se les conoce como "Los Mulos de Manhattan". Desde entonces a los hijos de este pueblo se les llama "Los Mulos del Valenciano" (Río Valenciano).

Juncos deriva su nombre de la gran cantidad de estas plantas acuáticas en la ribera del Río Valenciano. Otras informaciones nos llevan a la posibilidad de que el nombre se hereda de los hatillos de la familia Junco.

Este municipio pertenece al área geográfica de là Sierra de Luquillo.

ACCESOS

Norte:	Gurabo, PR 30 PR 198; Carolina, PR 185; Canóvanas, N/A
Sur:	San Lorenzo, N/A; Las Piedras, PR 30
Este:	Las Piedras, PR 30
Oeste:	Gurabo, PR 30 PR 198; San Lorenzo, N/A
Ríos:	Gurabo, Valenciano

LUGARES DE INTERES

Central Juncos
Ruinas Destilería Ron Caray
Plaza de Recreo
Casa Alcaldía
Iglesia
Antigua Tabacalera

HOSPEDERIAS

Casa de Huéspedes
Doña Petra Concepción*

RESTAURANTES

El Tenedor
La Canasta
Salvy's Fried Chicken
San Carlos
Vick Pratts
Frank Rest.

FIESTAS DE PUEBLO

Maratón Internacional (noviembre)
Fiestas Patronales Inmaculada Concepción (diciembre)

---

*No reconocidos por la Compañía de Turismo.

Sector Pozuelo, Bahía de Jobos
Guayama Salinas
Gonzálo De León
COPLADET

Fortín El Caprón
Bosque Seco
Guánica
Gonzálo De León
COPLADET

Laguna Piñones
Bosque Piñones
Loíza
Gonzálo De León
COPLADET

4   *Puente Colgante*
     Embalse Garzas
     Adjuntas
     Gonzálo De León
     COPLADET

5   *Vista Isla Caja de Muertos*
     Ponce
     Gonzálo De León
     VIAJES EDUCATIVOS ATTABEIRA

Cueva Sorbetos
Arecibo
Prof. Antonio Sánchez Gaetán
COPLADET

Cueva Sorbetos
Arecibo
Prof. Antonio Sáncehz Gaetán
COPLADET

Estalactita Excentrica
Cueva Sorbetos Arecibo
Prof. Antonio Sánchez Gaetán
COPLADET

9 *Vista desde el Faro*
Cabo Rojo
Prof. Antonio Sánchez Gaetán
COPLADET

10 *Punta Salinas*
Levitown
Prof. Antonio Sánchez Gaetán
COPLADET

12 *Las Crobas*
Fajardo
Prof. Antonio Sánchez Gaetán
COPLADET

Río La Plata
Cayey
Prof. Antonio Sánchez Gaetán
COPLADET

Bosque Carite - Guavate
Patillas
Prof. Antonio Sánchez Gaetán
COPLADET

Bosque Carite - Guavate
Río Patillas
Prof. Antonio Sánchez Gaetán

16 *Vista desde el Faro*
Fajardo
Hiram Sánchez Martínez
VIAJES EDUCACTIVOS ATTABEIRA

17 *Tetas de Cayey*
Hiram Sánchez Martínez
VIAJES EDUCATIVOS ATTABEIRA

Cañón de San Cristóbal
Barranquitas./ Aibonito
Manuel Camacho
VIAJES EDUCATIVOS ATTABEIRA

20   Vista Aérea Parque Tibes
Ponce
Osvaldo García Goyco
VIAJES EDUCATIVOS ATTABEIRA

18   Punta Yegua
Yabucoa
Prof. Antonio Sánchez Gaetán
COPLADET

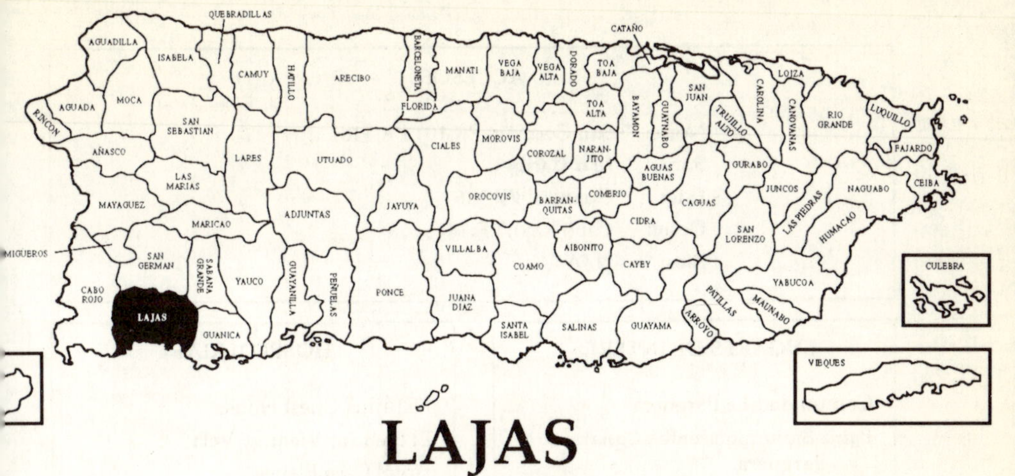

LAJAS

"LA CIUDAD CARDENALICIA"

Alcaldía (809) 899-1550

Fecha de Fundación: 1883   *Población: 23,271 (1990)*

En este pueblo se encuentra el famoso valle donde se cultiva la dulce piña cabezona. Son muchas las familias puertorriqueñas que han visitado la famosa bahía fosforescente de La Parguera. Los miles de microorganismos dinoflagelados que provocan el efecto especial se encuentran en áreas de impresionante belleza natural. El turismo nacional se ha desarrollado a paso agigantado en esta región al haber en ella pintorescos comercios, hospederías, botes, islas tropicales, jardines submarinos, entre otras cosas.

En sus tierras existían aldeas indígenas dirigidas por el Cacique Yogueras. En las orillas de un arroyo donde se fundó originalmente el poblado, se encontraban gran cantidad de piedras lisas, planas y delgadas conocidas como "lajas" o "lanchas". Es por este detalle que se origina el nombre de este pueblo.

En un principio, este pueblo ubicado en los Llanos Costaneros del Sur, comenzó a poblarse de pescadores y trabajadores de la sal. El auge de la siembra de caña de azúcar en esta región provocó la fundación de importantes haciendas como: La Aurora, La Amistad y La Resolución. Definitivamente el personaje más relevante nacido en este pueblo lo es el Cardenal Luis Aponte Martínez, el máximo líder de la Iglesia Católica de la Isla.

ACCESOS

Norte:	San Germán, PR 101 PR 118
Sur:	Mar Caribe
Este:	Guánica, PR 116
Oeste:	Cabo Rojo, PR 101
Ríos:	N/A

LUGARES DE INTERES

Comunidad La Parguera
Bahía Bioluminiscente y Canales de la Parguera
Isla Mata La Gata
Isla de Magueyes
Playa Rosada
Museo de Piezas Indígenas
Gruta San José
Conchero Indígena de Las Cucharas
Monumento al Soldado Lajeño
Antigua Estación del Tren
Ruinas Fábrica de Empacado de Piñas
Los Piñales de la Piña Cabezona
Siembra Bermeja
Salinas Fortuna
Antiguas Minas de Plata
El Valle de Lajas
Laguna Cartagena
Cuevas y Cavernas
Iglesia y Plaza de Recreo
Casa Alcaldía
Centro del Pueblo

HOSPEDERIAS

Nautilus Guest House
El Parador Viento y Vela
Hotel Casa Blanca
Parador Villa Parguera
Parador Polamar

RESTAURANTES

Villa Parguera
Bahía
El Arrecife
El Dead End
El Náutico
Nautilus Guest House
Reef Pop
Pargomar
Los Hornos
Las Bambúas
La Casita Sea Food
La Palmita Sea Food
Parguera Rest. & Steak House

FIESTAS DE PUEBLO

Fiestas Patronales Virgen de la Candelaria (febrero)
Festival Internacional de la Chiringa (febrero)
Feria Agropecuaria (marzo)
Festival Piña Cabezona (marzo)
Maratón E. Ramírez (abril)
Festival de Chiringas (junio)
Festival del Pescao (julio)
Festival Gallístico (octubre)
Rodeos de Lobos (fines de mes)

LARES

"EL PUEBLO DEL GRITO"

Alcaldía (809) 897-2300

Fecha de Fundación: 1827   *Población: 29,015 (1990)*

Muy pocos saben que don Ramón Emeterio Betances, el líder del Grito de Lares y el municipio de Lares nacieron el mismo año, abril de 1827. Mientras Betances nacia, Lares se fundaba.

En esta tierra hermosa se ha encontrado evidencia de presencia indígena. Sus inmensas cuevas y cavernas sirvieron de seguro refugio durante los malos tiempos. Cuando comenzó la colonización muchos aborígenes se refugiaron en las altas y frías tierras de Lares. Como estaba ubicado en la Cordillera Central de la Isla, se hacía difícil e inaccesible. Con el pasar del tiempo, agricultores y ganaderos españoles se establecen y fundan esta nueva comunidad.

Lares fue escenario protagónico de los sucesos del 23 de septiembre de 1868 conocidos como el Grito de Lares. La importancia de este evento estriba en que es el mensaje más claro de que había nacido un pueblo distinto, un pueblo único; había nacido la nacionalidad puertorriqueña.

Sus pobladores le llaman Lares en honor del vascuense Armando Lariz, un colonizador que en el siglo XVI fue dueño de esas tierras. En esta fabulosa región se encuentra parte del famoso lago Guayo, donde tantos puertorriqueños vacacionan durante todo el año.

Cuando piense visitar algún lugar en Puerto Rico no deje de visitar la Heladería Lares y pruebe helados de frutas, vegetales, verduras, vinos y ron. Definitivamente una experiencia única y deliciosa.

LUGARES DE INTERES

Poblado de Castañer

Plaza de la Revolución

Iglesia y Alcaldía

Heladería Lares (helados de frutas, viandas, vegetales, vinos y ron)

Parque El Jíbaro

Hacienda El Porvenir

Hacienda Collazo

Ruinas Hacienda Manuel Rojas El Triunfo

Represa y Lago Guayo

Cueva Pajita

Hacienda La Lealtad

HOSPEDERIAS

Hacienda Paraguas (se alquila por fines de semana)

RESTAURANTES

Luxan Steak House

El Pollito Chicken Express

Rest. Salón Cueva Pajita

El Trigal

El Taino

Restaurante Las Cavernas Salón Real

FIESTAS DE PUEBLO

Fiestas Patronales San José (marzo)

Festival de Lares (septiembre)

Festival Hacienda Rábano (octubre)

Festival Almojábana (octubre)

Festival del Guineo (junio)

LAS MARIAS

"LOS CITRICOS"

Alcaldía (809) 827-2280

Fecha de Fundación: 1871   *Población: 9,306 (1990)*

Muy pocos saben que en este pueblo existe un cuerpo de agua conocido como el Manantial Cantera que da sobre 250,000 galones diarios de agua. Este hermoso poblado fue fundado por agricultores canarios y mallorquines en el área oeste de la extensa y bella Cordillera Central.

En este territorio abundan los llamados árboles de María, muy apreciados por su madera y por su sombra, detalle que origina el nombre del pueblo.

Entre sus recursos sobresalen los depósitos de mármol, que son de los más importantes del país. Cuenta con tierras muy fértiles bañadas por el Río Grande de Añasco que atraviesa esta zona, al que sus habitantes conocen como el río GUASIO.

Actualmente abundan los árboles de china de los que se ha derivado su cognomento "Los Cítricos".

ACCESOS

Norte: Añasco, PR 108; San Sebastián, PR 119
Sur: Maricao, PR 120
Este: Lares, PR 124
Oeste: Añasco, PR 108, Mayagüez, PR 106
Ríos: Bucarabones, Guabá, Magüecilla, Arenas, Añasco, Cayey

LUGARES DE INTERES

Hacienda Planell
Hacienda Rullán, y Molino
Hacienda Fronteras
Hacienda Ensenat
Vivero de Café Finca Ensenat
Hacienda San Calixto
Plaza San Carlos
Alcaldía e Iglesia
Ruinas Ingenio Azucarero Paco
    Gaztambide
Area Recreativa Maravilla Sur
Cueva Barrientos

HOSPEDERIAS

Gutiérrez Guest House

RESTAURANTES

Rest. Las Marías
Salvy's Fried Chicken
Rest. San Carlos
Rest. Vick Pratts

FIESTAS DE PUEBLO

Festival de la Fundación del Pueblo de Las Marías (marzo)
Fiestas Patronales Inmaculada Concepción María (nov.)
Ferias Artesanales (todo el año)
Festival de la China (enero)

LAS PIEDRAS

"CIUDAD DE LOS ARTESANOS"

Alcaldía (809) 733-8182

Fecha de Fundación: 1773   *Población: 27,896 (1990)*

En los valles del sureste, presentando una geología extraordinaria y bañado por los ríos Gurabo, Valenciano y Humacao, se encuentra el municipio de Las Piedras: pueblo de los artesanos.

Por la gran cantidad de monolitos (piedras de gran tamaño) que exhibe en las laderas de sus cerros y montañas (algunos de aproximadamente cien mil años) se le bautizó como Las Piedras.

Este municipio tiene raras combinaciones que resultará difícil a otro pueblo igualar. Combina su topografía, parte del pueblo domina áreas de la Sierra de Luquillo, Sierra de Cayey y de los Valles del Sureste. Combina dos vertientes hidrológicas, la del norte (Río Gurabo, Río Valenciano) y la del este ((Río Humacao). Combina un inventario exquisito de artesanos por eso encontramos: hamacas, maracas, canastas, güiros, alfarerías, mundillo, tejidos, bordados, cuadros, trabajo en bejuco y madera, cuero y tallados en madera. Por esta razón se le conoce como "El Pueblo de los Artesanos". No obstante lo más tentador es la sencillez de su gente. ¡¡VISITELOS!!

LUGARES DE INTERES

Río Humacao

Ruinas Compañía de Tabaco

Escuela Carmen Benítez Agosto (contiene pequeño museo de arte local)

Club Cívico Social Pedreño

Colegio Ruby (exhibe antiguo cañón español)

Carnicería Iván Canals: es restaurante, exhibe una colección de más de 200 Piezas de antigüedades y el dueño ofrece charlas.

Alcaldía

HOSPEDERIAS

No disponibles.

RESTAURANTES

La Nueva Tasca
Tony's Rest.
Los Años 40
Casa Agrícola El Triángulo
Carnicería Iván Canals

FIESTAS DE PUEBLO

Festival del Güiro (marzo)

Festival Típico Cultural (abril)

Fiestas de Cruz (mayo)

Fiestas de la Juventud (julio)

Festival Típico (septiembre)

Festival del Lechón Asao (noviembre)

Fiestas Patronales Inmaculada Concepción (diciembre)

Maratón Agustín Martínez

LOIZA

"EL PUEBLO DE LA CACICA"

Alcaldía (809) 876-3570, (809) 876-3635

Fecha de Fundación: 1719   *Población: 29,307 (1990)*

Pueblo del Río Grande, de tradición, de vegigantes, de la cacica, de comecocos, de Santiago Apóstol, de caballeros, de San Patricio de la Yuca y el Casabe, de María de la Cruz, de jueyeros y alcapurrias, de negrura, de bomba y plena, de chapuzón y pescador.

Cuenta la leyenda que cuando se fundó el pueblo para el 1719 había que escoger un santo patrón, a su vez las plantaciones de yuca peligraban por una plaga de hormigas. Así los fundadores hechan al azar el escoger su santo patrón. Tres veces sale San Patricio, un santo desconocido. Milagrosamente las plantaciones no se pierden. Desde entonces el santo patrón de Loíza se le conoce como el santo protector y abogado de la yuca y del casabe.

Loíza deriva su nombre de la cacica Yuisa. Sus cognomentos: "Los Comecocos" y "Los Jueyeros" se explican por sí solos. Sin embargo, el que celebren fiestas a Santiago Apóstol se debe, según Ricardo Alegría, a los constantes ataques que recibía Loíza de caribes y piratas. Pues ¿qué mejor que honrar a un santo guerrero?

Santiago Apóstol es el Patrón de España, por lo cual muchos pueblos de Puerto Rico celebraban ese día, además del día de su propio Santo Patrón.

ACCESOS

Norte:	Océano Atlántico
Sur:	Canóvanas, PR 188, PR 3
Este:	Río Grande, PR 187, PR 3
Oeste:	Carolina, PR 187, PR 3
Ríos:	Grande de Loíza Herrera

LUGARES DE INTERES

Cueva María de la Cruz
Paseo Julia de Burgos
Plaza, Iglesia y Alcaldía
Centro de Artesanía Fam. Ayala
Playas: Vacía Talega, Aviones, Medianía Alta y Baja, Parcelas Suárez y Vieques, Piñones y Las Carreras
Hacienda Grande (asentamiento arqueológico)
Vista de la desembocadura del Río Grande de Loíza
Centro Vacacional Berwind (playa, piscina y club de golf)
Lagunas Piñones y Torrecilla
Antigua Carnicería
Cementerio
Piñones

HOSPEDERIAS

Centro Vacacional U.I.A. (lago, canoas y otros)
Villas de Santiago
Koreca Mar: campers, playa y área para acampar

RESTAURANTES

Doña Hilda
El Parrilla
El Rancho
Yuisa
El Kennedy
El Lago de Loíza
Suárez, El Nuevo Chorro

FIESTAS DE PUEBLO

Carnaval de Mayombe (febrero)
Fiestas Patronales San Patricio (marzo)
Fiestas de Santiago Apóstol (julio)
Festival del Burén

LUQUILLO

"LOS COMECOCOS"

Alcaldía (809) 889-2700

Fecha de Fundación: 1797   *Población: 18,100 (1990)*

¿Se acuerda usted de aquellos tiempos que cuando se pensaba en playa sólo había un destino? El Balneario de Luquillo. Estas remembranzas de folklore playero incluyen neveritas, sábanas, calderos de arroz con pollo, toallas, tres o cuatro carros y la muchachería, vecinos, primos, hermanos y allegados.

Actualmente el balneario posee una de las diez mejores playas del mundo, además, las costas de este pueblo son la delicia de los "surfers". También una parte del Bosque del Yunque pertenece a este municipio.

Luquillo deriva su nombre del valiente y no sometido cacique Loquillo quien dominaba la comarca. Loquillo era el nombre castellano que se le dió a un río de la región, por su cauce bien irregular. Se especula también que "Loquillo" proviene de "Yuquiyú", el nombre del Cacique y que este nombre era un tipo de mofa a este valiente guerrero.

A los luquillenses se les conoce cmoo "los comecocos".

ACCESOS

Norte: Océano Atlántico
Sur: Fajardo, PR 3
Este: Fajardo, PR 3
Oeste: Río Grande, PR 3
Ríos: Pitahaya, Sabana, Mameyes

LUGARES DE INTERES

Balneario La Monserrate (se permite acampar)
Playas: La Bandera, Las Pailas, Luquillo, Mameyes, La Pared, Playa Azul, Hacienda Carabalí
Haciendas: La Margarita, La Fortuna, La Carmelita, La Monserrate, San MIguel, La Unión
Iglesia San José y Plaza
Alcaldía

HOSPEDERIAS

Parador Martorell
Gran cantidad de casas y apartamentos para alquilar

RESTAURANTES

La Parrilla Steak House
Sandy's Sea Food
Rest. Víctor's Place
Rest. Parador Martorell
The Kings Sea Food
Rodizio de Carabalí

FIESTAS DE PUEBLO

Fiestas Patronales San José (marzo)
Festival del Coco (septiembre)
Festival de Platos Típicos (diciembre)

MANATÍ

"LA ATENAS DE PUERTO RICO"

Alcaldía (809) 854-2024

Fecha de Fundación: 1718   *Población: 38,692 (1990)*

Cerca del Barrio Boquilla está "La Poza de las Mujeres", llamada así por la tranquilidad y claridad de sus aguas. Lugar predilecto de aquellos que conocen su existencia. No muy lejos están las playas de Mar Chiquita y Los Tubos.

Manatí, pueblo costero ofrece al visitante un litoral de costas de belleza sin igual. Su nombre se deriva de la gran cantidad de manatíes que había en la desembocadura del Río Manatí y en las costas de este pueblo. Cabe destacar que este mamífero acuático se encuentra en peligro de extinción.

Manatí casi fue la primera capital de Puerto Rico, ya que fue en la desembocadura del Río Manatí (el Ana o Manatuabón) donde Juan Ponce de León intentó establecerse. Sin embargo, debido a las violentas marejadas que lo amedrentan decide abandonar esta costa para moverse a donde fundó Caparra.

Este es un pueblo de gran riqueza cultural, en su Casino Español se reunían poetas y artistas para celebrar unos juegos que ellos denominaban juegos florales. También en el Casino Puertorriqueño se daba gran actividad cultural. Por teatros como el Taboas que todavía conserva la fosa de los músicos y bambalinas, se ha denominado a este pueblo "La Atenas de Puerto Rico".

ACCESOS

Norte: Océano Atlántico
Sur: Ciales, PR 149
Este: Vega Baja, PR 2
Oeste: Barceloneta, PR 2
Ríos: Río Grande de Manatí

LUGARES DE INTERES

Teatro Taboas
Zona Histórica
Casa Alcaldía (Antiguo Casino Español)
Cementerio Viejo
Santuario del Cristo de los Milagros y Monte Calvario
Playa Los Tubos
Area Recreativa Tortuguero
Playa Mar Chiquita
Playa La Poza de Las Mujeres
El Acrópolis
Colage (centro nocturno)
Ruinas Central Monserrate
Playa La Esperanza
Playa Tortuguero
Ruinas Hacienda Marqués de la Esperanza*

*Restauración por Fideicomiso

HOSPEDERIAS

Motel Campo Alegre*
Hay tres proyectos de hoteles para este pueblo

RESTAURANTES

La Brasa
Passantino
El Ferrocarril
El Caracol
Manatuabón

FIESTAS DE PUEBLO

Fiestas Patronales Virgen de la Candelaria (febrero)
Fiestas de Cruz (mayo)
Festival Playero (julio)
Festival de los Manatíes (julio)
Festival de Halloween (oct.)
Festival de Navidad (dic.)

*No reconocido por la Compañía de Turismo.

MARICAO

"PUEBLO DE LAS INDIERAS"

Alcaldía (809) 838-2290

Fecha de Fundación: 1874   *Población: 6,206 (1990)*

"Con café de Maricao, hasta el Diablo se desveló", fueron las palabras con las que Luis Lloréns Torres homenajeó el producto de máxima calidad de la Isla. Su historia y su nombre se entrelazan con la magia de una exótica leyenda protagonizada por una princesa taína, María, y un valeroso conquistador español. Esta notificó a su amado de los planes que tenía su pueblo de atacar el poblado español, y fue acusada por los suyos de traición y sometida a la tortura que origina su nombre " El Sacrificio de María" (Mari-Cao); MARI, por la india María, y CAO que significa "sacrificio".

Por la excelente localización geográfica del pueblo en las entrañas de la Cordillera Central se convirtió en la guarida ideal de los últimos habitantes indígenas de la Isla. El censo del 1800 reflejó una población de 2,000 indios puros, dato que originó que se conociera como el pueblo de Las Indieras.

Es el pueblo menos poblado por milla cuadrada en Puerto Rico, y sus habitantes viven en un lugar paradisiaco con un estupendo clima todo el año.

ACCESOS

Norte: Las Marías, PR 120; Lares, PR 128
Sur: San Germán, PR 360-PR 2-PR 119-PR 105; Sabana Grande, PR 120
Este: Lares, PR 128; Yauco, PR 105
Oeste: Mayagüez, PR 105, San Germán, PR 360-PR 2-PR 199-PR 105
Ríos: Lajas, Maricao, Rosario, Prieto, Guaba

LUGARES DE INTERES

Salto de Curet
Vivero de Peces de Maricao
Bosque de Maricao
Torre de Piedra
La Gruta de San Juan Bautista
Lago Prieto
El Rodeo (colección)

HOSPEDERIAS

Parador Hacienda Juanita
Centro Vacacional Monte del Estado

RESTAURANTES

El Parador
La Casa Flamboyán
Rest. El Embajador
Parador Hacienda Juanita
Rest. Suomara
Rest. Lechonera El Paraíso
El Buen Café
El Quijote
El Coquí
El Rodeo (Fonda)

FIESTAS DE PUEBLO

Fiestas del Acabe (febrero)
Fiestas Patronales San Juan Bautista (junio)

MAUNABO

"CIUDAD TRANQUILA-LOS JUEYEROS"

Alcaldía (809) 861-0060, (809) 861-2770

Fecha de Fundación: 1779   *Población: 12,347 (1990)*

En el Bo. Pandura de este municipio es que termina solemnemente la Cuchilla de Pandura, uno de los extremos orientales de la Sierra de Cayey. Hace un exótico contraste con los Valles Costaneros del Este.

Maunabo deriva su nombre del Río Maunatabón, cuyas arenas eran ricas en pepitas de oro.

Las costas bañadas por el Mar Caribe ricas en manglares, evocan la "tranquilidad" con que se conoce la ciudad y curiosamente refieren a la "cría de jueyes". Todo buen maunabeño debe ser un buen jueyero.

ACCESOS

Norte:	Yabucoa, PR 3
Sur:	Patillas, PR3; Mar Caribe
Este:	Mar Caribe
Oeste:	Patillas, PR 3
Ríos:	Maunabo

LUGARES DE INTERES

El Faro Punta Tuna
La Cueva del Indio
La Galería de Callejón
Ruinas de la Central Pesquera
Cuevas de la Cantera
Centro del Pueblo
La Villa Pesquera
Valle de Maunabo
Playa Los Bohíos, Larga, Punta Tuna, Maunabo, Emajagua
Central Columbia

HOSPEDERIAS

Playa Emajagua Guest House
Villa Turística
Maunacaribe

RESTAURANTES

Los Bohíos
Vista Mar
La Playa
Cunet-Mar
Gabriel
El Capitán
Café Terraza
Maunabo Zoo
Panoramic View
Lebrón
Villas del Mar

FIESTAS DE PUEBLO

Festival Jíbaro de Martorell
Festival del Campesino
Maratón Pablo Ramírez (febrero)
Fiestas Patronales San Pedro y San Isidro Labrador (junio)
Baseball de la Coliseba (agosto)

Festival Jueyero (septiembre)
Festival Palo Seco (noviembre)
Festival de Navidad (diciembre)
Maratón Año Viejo (diciembre)
Feria de la Caña (abril)

MAYAGÜEZ

"LA SULTANA DEL OESTE"

Alcaldía (809) 834-8585

Fecha de Fundación: 1760   *Población: 100,371 (1990)*

El Pueblo del Mangó, la Sultana del Oeste, la Ciudad de los Indios, el Pueblo de la Sangría de Fido, la Ciudad del Colegio, el Pueblo Natal de Don Eugenio María de Hostos, la Villa del Brazo Gitano. Mayagüez ha sido por muchos años la tercera ciudad (por tradición) del país. Este histórico pueblo se encuentra en los Llanos Costaneros del Oeste donde comienza el ascenso de la Cordillera Central.

En sus tierras convivieron una gran cantidad de indios taínos gobernados por el cacique Urayoán, que le llamaban al río y a la región, YAGUEZ, palabra indoantillana que significa "lugar de aguas puras y claras". Como era costumbre de los españoles al llegar y establecerse, se españoliza la palabra original y la transforman en Mayagüez.

Esta región fue habitada por españoles mayormente procedentes de Islas Canarias que se dedicaron a la cría de ganado, a la agricultura y a la pesca. El poblado creció rápidamente y fue adquiriendo importancia política, social, religiosa y económica.

Su desarrollo social alcanzó altos niveles que se reflejaban en sus distinguidas familias, su Casino de Mayagüez, su Círculo de Amigos, sus Grandes intelectuales y educadores, y sus exquisitas residencias, muchas de ellas desaparecidas.

ACCESOS

Norte: Añasco, PR 109-2; Las Marías, PR 106-PR 120

Sur: Cabo Rojo, PR 102 y PR 100-PR 2; Hormigueros, PR 114 y PR 2; San Germán, PR 114

Este: Las Marías, PR 106; Maricao, PR 105

Oeste: Canal de La Mona

Ríos: Río Grande Añasco, Cañas, Yagüez, Rosario, Guanajibo

LUGARES DE INTERES

Rancho La Cuevas (centro recreativo)

Aeropuerto El Maní

Zoológico Zoorico

RUM-Recinto Universitario de Mayagüez (UPR)

El Planetario

El Malecón

Parque de los Próceres

Plaza Colón, Iglesia y Alcaldía

Fido's Beer Garden (sangría)

Teatro Yagüez

Cervecería India

Area del Puerto

RESTAURANTES

Rest. Cantón	Rest. City Cream
El Viajante	Pancho Jarama
Casa Fausto	Confitería Franco

La Rotisserie

Pong Wai

El Cacique

Rest. El Chantel

El Mesón Español

El Patio de la Menca Steak House

HOSPEDERIAS

Hotel Mayagüez Hilton

Hotel La Palma

Hotel El Sol

Holiday Inn

Hotel Central Plata

Rancho Las Cuevas (área de acampar y cabañas)

Hotel Embajador

Hotel La Sultana

FIESTAS DE PUEBLO

Festival de Reyes (enero)

Festival Blanco y Negro (enero)

Festival Nacional de la Danza (febrero)

Fiestas Patronales Nuestra Sra. de la Candelaria (febrero)

Carnaval Mayagüezano (mayo)

Festival del Seco (julio)

Carnaval (agosto)

Festival del Mangó (agosto)

Feria Artesanal (noviembre)

Apertura Epoca de Navidad (diciembre)

Fiesta de Navidad (diciembre)

MOCA

"LA CAPITAL DEL MUNDILLO", "LOS VAMPIROS"

Alcaldía (809) 809-3390

Fecha de Fundación: 1772   *Población: 32,926 (1990)*

La clase y el arte de este pueblo se refleja indiscutiblemente en las obras trabajadas en encajes de mundillo. Las mujeres de Moca desarrollaron y perfeccionaron esta artesanía hasta convertirla casi en un símbolo local. Este hermoso poblado fue fundado en las faldas de las Montañas de la Tuna. Puedes apreciar la belleza de sus tierras tanto en las áreas de los Llanos Costaneros del Oeste como de las Colinas del Norte.

El puertorriqueño más destacado nacido en esta tierra lo es, sin lugar a dudas, el educador y escritor don Enrique Laguerre. Muchos de nosotros llegamos a leer, estudiar y analizar su obra maestra: *La Llamarada*, recreada en muchos preciosos parajes de esta región.

Este pueblo recibe su nombre de la gran cantidad de árboles de moca que había en el área. Este árbol, que abunda en Puerto Rico, puede alcanzar hasta los 150 pies de altura y se distingue por sus abundantes y llamativas flores de color rosado o púrpura. Hay evidencia de la presencia de grupos indígenas desde mucho antes del descubrimiento. Estos llamaron a este árbol con el nombre (taíno) de "moca".

ACCESOS

Norte:	Aguadilla, PR 111; Isabela, PR 112-PR 2-PR 110
Sur:	Añasco, PR 2, PR 110
Este:	San Sebastián, PR 125
Oeste:	Aguada PR 417-PR 110
Ríos:	Río Culebrinas

LUGARES DE INTERES

Parroquia de la Virgen de la Monserrate

Castillo Labadee

Castillos de los Mercados

Taller de Mundillo María La Salle

Taller de Mundillo Julia

Bosques

Casa Enrique Laguerre

Plaza del Fundador y Alcaldía

Mirador de Moca (lugar escénico)

Hacienda La Henriqueta

HOSPEDERIAS

No disponibles.

RESTAURANTES

Posada Rest.

FIESTAS DE PUEBLO

Fiestas Patronales Nuestra Señora de la Monserrate (septiembre)

Festival del Camarón (mayo)

Festival del Mundillo (diciembre)

Parranda del Enchaquetao (diciembre)

MOROVIS

"LA ISLA MENOS MOROVIS"

Alcaldía (809) 862-2171

Fecha de Fundación: 1818   *Población: 25,288 (1990)*

"La Isla Menos Morovis", publicaba La Gaceta de Puerto Rico para el 1885 cuando informaba que todos los pueblos de Puerto Rico habían sufrido por la epidemia de cólera, todos menos Morovis.

Este pueblo hermoso de caminos de miramelindas, bellas margaritas y robles en flor, se encuentra ubicado en las colinas húmedas del norte. Esto combinado con su deporte preferido, las cabalgatas dominicales, hacen de este pueblo uno de los más típicos de la región.

LUGARES DE INTERES

Potrero Blue Star

La Cueva Barahona y Cabacheks (arqueología y paleontología)

Torrefacción Agrícola

La Destilería del Ron Rico

Mirador El Río Barrio Perchas

Julio Rivera Negrón - artesano de cuatro puertorriqueño

HOSPEDERIAS

No disponibles.

RESTAURANTES

El Payaso

Junior

El Sabrocito

La Orquídea

Sánchez

Luisa & Rosín

FIESTAS DE PUEBLO

Homenaje a Don Felo (mayo)

Fiestas Patronales San Miguel (julio)

Festival del Cuatro (julio)

La Isla Menos Morovis (diciembre)

Día de los Inocentes (diciembre)

NAGUABO

"LOS ENCHUMBAOS"

Alcaldía 874-2068, 874-3040

Fecha de Fundación: 1794   *Población: 22,620 (1990)*

Localizado en los Llanos Costaneros del Este y al pie de uno de los costados de la Sierra de Luquillo se encuentra Naguabo, "Pueblo de los Enchumbaos". Este cognomento se deriva de la gran cantidad de agua que recibe del Bosque del Yunque, ya sea en forma de lluvia o bañado por el Río Blanco y su poderosa cuenca hidrológica.

Aunque su fecha de fundación apunta al 1794, sabemos de las órdenes de Diego Colón, Virrey de las tierras descubiertas, de construir un poblado en el área este de la isla para evitar el acecho de los Caribes. Así en el 1513 se construye el pueblo de Santiago en !a desembocadura del Río Daguao.

El compositor Pedro Flores, la educadora Inés Mendoza, el actor Orlando Rodríguez, el comediante Ramón del Rivero (Diplo) y la cantante Carmen Delia Dipiní son algunos de sus grandes hijos.

ACCESOS

Norte: Río Grande, N/A; Ceiba PR 3

Sur: Humacao, PR 3; PR 192; Paseo de Vieques

Este: Ceiba, PR 3

Oeste: Las Piedras, PR 31-PR 9936

Ríos: Cubuy, Santiago, Blanco**

LUGARES DE INTERES

Bahía y Playa de Naguabo

Playa Punta Río Blanco

Punta Lima (poblado indio)

Punta Yegua

Punta Puerca

Cayo Algodones

Plaza de Recreo e Iglesia

Casa Alcaldía

Puerto de Naguabo

Bosque Nacional del Caribe

*Playa Húcares, Naguabo, Punta Río Blanco

Monumento a Ramón del Rivero (Diplo)

RESTAURANTES

Brisas del Caribe

Cansino's Sea Food

El Navegante

Makos

Bajo un Palmar

El Castillo

El Makito Restaurant

Chamby's Restaurant

FIESTAS DE PUEBLO

Semana de Pedro Flores (marzo)

Festival del Chapín (junio)

Festival de Diplo (natalicio junio)

Fiestas del Carmen, en la playa (julio)

Fiestas Patronales Nuestra Sra. del Rosario (octubre)

---

*El puerto Húcares fue por mucho tiempo importante centro comercial con las Antillas Menores

**El Río Blanco posee una gran cantidad de pozas donde puedes darte un buen chapuzón.

NARANJITO

"LOS CHANGOS", "LA CIUDAD DE LOS COLORES"

Alcaldía (809) 869-2040

Fecha de Fundación: 1824   *Población: 27,914 (1990)*

Cuando los jóvenes puertorriqueños piensan en los "Changos de Naranjito" les viene a la mente el deporte rey de este pueblo, el volibol. Pero los naranjiteños llevan este cognomento por la gran cantidad de estas aves que abundaban en la región. Naranjito, conocido como San Fernando de Barrionuevo, pertenece a las Colinas del Norte. Sus fundadores fueron los pobladores de Toa Alta y Bayamón y trabajaron mucho para su fundación. Naranjito lleva su nombre por la gran cantidad de árboles de naranjo que había en la ruta más corta para llegar al pueblo. Es importante destacar que así como pueblo de los campeones invictos del volibol, es también considerado como el de los mejores trovadores de Puerto Rico.

Barrio Nuevo era el apellido del colono español, compañero de Juan Ponce de León que había poseído este territorio.Este fue el aventurero que luego trató de poblar y colonizar Aymona (Mona).

ACCESOS

Norte:	Toa Alta, PR 165-164
Sur:	Barranquitas, PR 152; Comerío, PR 156-157
Este:	Bayamón, PR 164-167
Oeste:	Corozal, PR 164
Ríos:	Río Grande de Manatí, Mavilla, Cañas, Río de la Plata, Guadiana

LUGARES DE INTERES

El Charco del Cura
Lago La Plata
Mirador Anones
Cerro San Cristóbal; Cruces; Avispas
Cancha Gelito Ortega
Changolandia (Centro Recreativo)
Cataratas del Cedro Abajo
Xanadú (Salón de Bailes)

HOSPEDERIAS

Motel La Rueda

RESTAURANTES

Rest. Rivera
La Naranjiteña
Las Cataratas
El Abanico
La Casaba
Los Bistecs
Mirador Anones
Mirador del Lago
La Parada Choferil
La Receta
Rest. Carlos
Los Contratistas
Rest. Rey's
Posada El Calderito

FIESTAS DE PUEBLO

Festival de Arte y Cultura San Antonio (junio)
Festival San Antonio (junio)
Fiestas Patronales San Miguel Arcángel (septiembre)

OROCOVIS

"EL PUEBLO CORAZON"

Alcaldía (809) 867-5000, 867-5060

Fecha de Fundación: 1825　　　　　*Población: 21,158 (1990)*

Barros fue su nombre, más de 100 artesanos enorgullecen su área, los petroglifos y pictografías son parte de él, Andrés Jiménez,el jíbaro,es su voz. ¡Ya sabes de qué pueblo hablamos! - Sí, Orocovis, pueblo de cultura.

Por encontrarse en el centro de la Isla, en la Cordillera Central, se le conoce como "El Corazón de Puerto Rico".

El cacique Orocobix habitó en esta región y en honor a él se le cambia el nombre de Barros a Orocovis en el 1928.

Pasear por este pueblo es deleite a la vista por la belleza del panorama, el bosque, el lago, las flores y la cultura que en él se respira;lo que hace de una visita a este pueblo un sueño encantador. No olvides comer el mejor dulce de naranjas del mundo.

ACCESOS

Norte:	Ciales, PR 146-PR 157 Morovis, PR 155-157; Corozal, PR 568-PR 159
Sur:	Juana Díaz, PR 155-14; Villalba, PR 155-143-151; Coamo, PR 155
Este:	Barranquitas, PR 156
Oeste:	Ciales, PR 146-157
Ríos:	Toro Negro, Matrullas, Bauta, Orocovis, Río Grande de Manatí

LUGARES DE INTERES

Area Recreativa Damián Abajo

Bosque Toro Negro-Chorro de Doña Juana

Museo Artesano-Fam. Avilés, Antonio Pérez (Orocovis cuenta con más de 100 artesanos que forman parte del programa de artesanía del Instituto de Cultura)

La Cueva de los Indios

El Refugio Taíno

La Represa

Area Recreativa La Guaira

Centro Cultural Juan Cartagena Martínez

El Lago Matrulla

Los dulces de coco, naranja y chayote

Area Recretiva Cerro La Guaira

HOSPEDERIAS

No disponibles.

RESTAURANTES

Bar Restautant 3 R

El Columpio

Early Fried

Bar Plaza

FIESTAS DE PUEBLO

Premiación de Valores Orocoveños (marzo)

Festival de Teatro Infantil (abril)

Fiestas Patronales San Juan Bautista (junio)

Festival del Camarón (julio)

Feria de Artesanía (septiembre)

Festival de la Juventud (octubre)

"La Iluminación del Mangó" (diciembre)

Encuentro Nacional de Santeros (diciembre-enero)

PATILLAS

"LA ESMERALDA DEL SURESTE"

Alcaldía (809) 839-4120, 839-5230

Fecha de Fundación: 1811

Población: 19,633 (1990)

En los Llanos Costaneros del Este, donde ubica este pueblo, en el barrio Guardarraya termina la sierra de este mismo nombre, uno de los extremos orientales de la Sierra de Cayey.

Este municipio deriva su nombre de la abundancia de la patilla, una fruta acuosa.

Por su belleza y ubicación se le llama "La Esmeralda del Sureste".

ACCESOS

Norte:	San Lorenzo, PR 181; Yabucoa, PR 182-181 y PR 3
Sur:	Mar Caribe
Este:	Maunabo, PR 3
Oeste:	Guayama, PR 3; Arroyo, PR 3
Ríos:	Río Grande Patillas, Jacaboa, Pradero

LUGARES DE INTERES

Bosque Carite-Guavate
Area de Recreación Pasiva Carite
Charco Azul-Guavate
Charco Los Tres Chorros Carite
Centro del Pueblo
Alcaldía
Playas: Escondida, Guardarraya, Patillas, Mala Pascua
Embalse Patillas
Aeropuerto
Iglesia San Benito Abad

HOSPEDERIAS

Guardarraya Guest House*
Caribe Playa Hotel
Villa del Carmen Resort*
Mi estancia Tropical*

RESTAURANTES

El Mar de la Tranquilidad
Rest. La Esmeralda
Rest. Joan O'Nellia
Rest. El Cofresí
Rest. Mustapha
Rest. Roquin's
Rest. Lordemar

FIESTAS DE PUEBLO

Fiestas Patronales San Benito Abad (marzo)
Carnaval Esmeralda del Sur (abril)
Festival Monte y Mar (julio)
Festival de Harina (diciembre)
Festival del Ñame (diciembre)

*No reconocidos por la Compañía de Turismo.

PEÑUELAS

"LA CAPITAL DEL GUIRO"

Alcaldía (809) 836-1218

Fecha de Fundación: 1793   *Población: 22,515 (1990)*

Esta región estuvo poblada por grupos indígenas taínos de las comunidades que gobernaban los caciques Guaroca, Guayaney y Guaypao. Se ha encontrado evidencia de las culturas que habitaron toda la región que comprende áreas tanto en los Llanos Costaneros del Sur, como en las Colinas del Sur y en la Cordillera Central.

Sus primeros pobladores españoles se establecieron en los alrededores de la magnífica Bahía Tallaboa, para dedicarse a la cría de ganado, a la pesca y al comercio a través del puerto.

La caña de azúcar tuvo un auge increíble en esta zona, que se reflejó en la fundación de antiquísimas haciendas como: La Pepita, La Dolores, La Buena Fe, La Buena Vista y La Clementina. En este pueblo costero se encuentran dos de las montañas más altas del país: Cerro Garrote y Cerro Peñuelas.

Algunos historiadores afirman que se llamó Peñuelas en honor a un colono fundador, de ese apellido, mientras otros entienden que es por la gran cantidad de peñascos que hay en los Barrios Barreal y Jaguas.

Son muchos los visitantes que disfrutan de las bellezas naturales de sus cinco islotes más importantes: Cayo Palomas, Cayo Río, Cayo Parguera, Cayo Caribe, Cayo María Langa, o del misterioso encanto de la Cueva Mapancha en sus tierras del interior.

ACCESOS

Norte: Adjuntas N/A
Sur: Mar Caribe
Este: Ponce, PR 132
Oeste: Guayanilla, PR 132
Ríos: Tallaboa, Guayanes

LUGARES DE INTERES

Charco de Soplaera

Cuevas del Convento

El Cañón (entre el Bo. Magas de Guayanilla y el Bo. Sto. Domingo de Peñuelas)

Monumento al Soldado Desconocido

Monumento a Don Angel Pacheco

Bahía de Tallaboa

Bosque Guilarte

HOSPEDERIAS

No disponibles.

RESTAURANTES

Río Sol

FIESTAS DE PUEBLO

Fiestas Patronales San José (marzo)

Carnaval de Ballet

Carnaval de Baloncesto

Festivales Musicales (verano

PONCE

"LA PERLA DEL SUR"-"CIUDAD SEÑORIAL"

Alcaldía (809) 840-4141

Fecha de Fundación: 1692   *Población: 187,749 (1990)*

"Ponce es Ponce" ciudad de estirpe, ciudad progresista, ciudad de cultura, de abolengo, de haciendas, castillos, centros ceremoniales, revueltas, actos heroicos y masacres. Hablar de Ponce es mostrar el otro Puerto Rico, el del área sur. La historia de este pueblo nos refleja que fue la ciudad más importante económica y culturalmente en Puerto Rico, la Capital Alterna. Actualmente nos impresiona la belleza de su zona histórica y la gran cantidad de lugares interesantes que se pueden visitar.

Desde su fundación hasta la actualidad, este pueblo ha conservado su carácter de ciudad. Pertenece al Llano Costanero del Sur y es en honor al biznieto de Juan Ponce de León que lleva su nombre. La Perla del Sur, Ciudad de las Quenepas, Ciudad Señorial, son algunos de los seudónimos que este pueblo ha adquirido. Cuna de grandes hombres y mujeres como Pedro Albizu Campos, Sor Isolina Ferré, Luis A. Ferré, Ruth Fernández, Rafael Hernández Colón, Antonio Paoli y Juan Morel Campos entre otros. Cuenta con el Museo de Arte más importante de P.R., con el Parque Ceremonial Indígena de Tibes* y con una zona histórica en restauración, hoteles, restaurantes, playas, y campos. En Ponce nacieron la danza, la bomba y la plena.

---

*"Se observa todavía como los subtaínos orientaron algunas de sus plazas ceremoniales hacia la salida del sol el primer día de primavera, verano, otoño e invierno."

Argl. Osvaldo García Goyco.

ACCESOS

Norte:	Adjuntas, PR 10; Utuado, PR 10; Jayuya, PR 10-143-140-144
Sur:	Mar Caribe
Este:	Juana Díaz, PR 14, 52
Oeste:	Peñuelas, PR 132
Ríos:	San Patricio, Cerrillos, Chiquito, Inabón, Pastillo, Cañas, Bucaná, Portugués

LUGARES DE INTERES

Central Mercedita

Paseo de los Próceres (Plaza Tricoche)

Aeropuerto Mercedita

Universidad Católica

Puerto en Ponce - Marina

Centro Ceremonial Indígena-Tibes

Museo de Arte   Museo de la Música PR

Universidad Interamericana

Colegio Regional de Ponce-UPR

Paseo Tablado La Guancha

Ceiba Certenaria

Plaza de la Abolición y Concha Acústica

Centro Artesanal   Fox Delicias

Teatro La Perla (Zona Histórica)

Casa de la Masacre (Zona Histórica)

Parque de Bombas

Plaza las Delicias (Muñoz Rivera y Degetau)

Castillo Serrallés   Calle Isabel

Monumento y parque en honor a los desaparecidos en la tragedia de Mameyes

Isla Caja de Muerto

Los Antiguos Banco de Ponce y Banco Crédito y Ahorro Ponceño

Casa Alcaldía

Museo de Música

Museo Histórico de Ponce

Casa Armstrong-Poventud y Oficina de Turismo

Museo Pancho Coimbre

Panteón Román Baldorioty de Castro

Catedral Nstra. Sra. de la Guadalupe

Iglesia Metodista (monumento histórico)

Cruceta del Vigía

Zona Histórica con la Restauración de la Arquitectura Ponceña

HOSPEDERIAS

Hotel Meliá	Ponce Holiday Inn
Day's Inn	Las Colinas*
Las Cucharas*	Hotel Colville*
Hotel Motor Inn*	Colonial Guest House
Bélgica Hotel*	
Hotel Nuevo Méjico*	
Hotel Tropical Inn*	
Ponce Hilton, Casino	

RESTAURANTES

Yeyos Sea Food	Optimus
Pizza's Heaven	Ambert
Ancla	Casa Grande
El Mesón	Lydia's
Pito's	Rene's Pub
El Mesón de René & René	Inabom
Tio Tom	
Teatro Fox Delicias (comida rápida)	
Muchos más	

FIESTAS DE PUEBLO

Carnaval (febrero)	Fiestas Patronales Nuestra Señora de la Guadalupe (diciembre)
Feria Regional de Artesanía (marzo)	
Fiestas de Cruz (mayo)	Fiestas de la Calle Isabel (3er domingo cada mes)
Festival Playa de Ponce (mayo)	
Festival Bomba del Bo. San Antón (julio)	Retretas Banda Municipal (todos los domingos)

*No reconocidas por la Compañía de Turismo.

QUEBRADILLAS

"LOS PIRATAS"

Alcaldía   (809) 895-2840

Fecha de Fundación: 1823   *Población: 21,425 (1990)*

El pueblo de Guajataca; la bellísima región que a todos nos impresiona al viajar desde la Capital hacia el oeste por la Carretera PR 2. Este poblado se encuentra en el área conocida como los Llanos Costaneros del Norte. Pueblo costero, playero, campesino.

Hay evidencia de que importantes pueblos indígenas al mando del cacique Mabodamaca habitaron en la región y en honor a éste, un joven escultor puertorriqueño se encuentra trabajando en el busto del nombrado cacique en una piedra en la entrada de una cueva de Guajataca.

Sus primeros pobladores españoles eran agricultores y ganaderos que notaron que cada vez que llovía se formaban pequeñas quebradas en el poblado original y así comienzan a llamar Quebradillas a la nueva comunidad.

En San Rafael de las Quebradillas se disfruta de la belleza del Lago Guajataca que pertenece en parte a este municipio.

Al igual que el hermano pueblo de Isabela, gustan de los quesitos de hoja, de los caballos de paso fino, de la ganadería y de las peleas de gallos.

Símbolos indiscutibles de este pueblo son las gigantescas ceibas que adornan la entrada del pueblo y la única panadería que hornea el pan con leña, como antaño.

ACCESOS

Norte:	Océano Atlántico
Sur:	San Sebastián, PR 119-113
Este:	Camuy, PR 2-119
Oeste:	Isabela, PR 12-112
Ríos:	Guajataca

LUGARES DE INTERES

Tunel Guajataca
Playa Guajataca
Panaderías Los Cocos
El Arca de Noé
Lago Guajataca
Escultura cacique Mabodamaca (piedra virgen acantilados Puerto Herminia)
Plaza de Recreo Luis Muñoz Rivera
Iglesia San Rafael Arcángel
Alcaldía
Teatro Liberty
Calle M. Lamela (centro de actividad social juvenil: El Bodegón, El Jabalí y La Pizzería Audy's)
Casa Guillán
Puente Blanco (lugar escénico)
Casa de los Amador

HOSPEDERIAS

Parador Guajataca
Parador Vistamar
Las Dos Ceibas Guest House
Chopa's Resort (área de acampar con acceso al lago)*
El Soberao (área de acampar con acceso al lago)*

RESTAURANTES

Casabi
Vistamar
El Fogón Boricua
El Guajataca
Georgie's Rest.
Manny's Rest.
Villa Durán
Sangüichera Gordos

FIESTAS DE PUEBLO

Festival de Chiringas (febrero)
Fiestas Patronales San Rafael Arcángel (octubre)

---

*Diversos servicios.

RINCON

"PUEBLO DEL SURFING"

Alcaldía (809) 823-2575

Fecha de Fundación: 1771   *Población: 12,213 (1990)*

Este famoso pueblo queda en el rinconcito oeste de nuestra Isla. Es la tierra puertorriqueña que más cerca queda de la República Dominicana. Tierra de hermosos parajes, excelentes vistas panorámicas, fabulosas playas, cómodas hospederías, increíbles atardeceres, gente especial, ambiente internacional.

Hay evidencia de la presencia de culturas indígenas que se establecieron en esta región. Luego de desaparecer sus primeros pobladores, los españoles se establecieron en sus tierras y se ocuparon en la pesca, ganadería y en la agricultura. Hoy, sin embargo, es una dinámica población donde el deporte de la tabla hawaiiana ocupa un lugar de importancia. Usted puede visitar pequeños comercios donde puede conseguir efectos playeros, ropa, efectos deportivos, centros cerveceros, kioskos y mariscos. Este pueblo pertenece a los Llanos Costaneros del Oeste y es realmente famoso a nivel internacional en cuanto al "surfing" se refiere. Verá jóvenes de Canadá, Australia, Méjico, Venezuela, Miami, New York, California caminando por estos lares. Como un típico pueblo costero puertorriqueño se podría describir a este pequeño municipio como el de los amantes del sol, del mar y de la gente. Muy pocos saben que el primer matrimonio civil (no religioso) en toda la historia del país se llevó a cabo en 1894 en este simpático pueblo.

ACCESOS

Norte: Canal de la Mona; Aguada
Sur: Canal de la Mona; Añasco
Este: Aguada
Oeste: Canal de la Mona

LUGARES DE INTERES

Playas: Córcega, Punta Iguero, Rincón
Planta Termonuclear Bonus
Bo. Barrero - Posible lugar donde desembarcó Cristóbal Colón
Antiguo Faro
Iglesia, Plaza y Alcaldía

HOSPEDERIAS

Parador Villa Antonio
Parada Muñoz*
Hotel Villa Cofresí*
Horned Dorset Primavera
Córcega Camping Resort
Cercano a las playas donde se practica surfing, hay un sinnúmero de pequeñas hospederías.

RESTAURANTES

Danny's Rest.
El Coche
El Rafael
Héctor's Rest.
Villa Cofresí
Parador Villa Antonio

FIESTAS DE PUEBLO

Festival del Coco (mayo)
Fiestas Patronales Santa Rosa de Lima (agosto)

---

*No reconocidas por la Compañía de Turismo.

RIO GRANDE

"LA CIUDAD DEL YUNQUE"

Alcaldía (809) 887-2695

Fecha de Fundación: 1840   *Población: 45,648 (1990)*

Con un poderoso arsenal de bellezas naturales, entre los Llanos Costaneros del Norte y la Sierra de Luquillo, encontramos a Río Grande. Este municipio domina un 45% del área del Bosque Nacional del Caribe. Por eso se ha bautizado como "La Ciudad del Yunque". A los riograndeños se les conoce como "Los Ñangotaos", por su antigua costumbre de estar en esa postura o posición.

Toma su nombre del Río Grande. Este nace en el Yunque y termina como afluente del Río Espíritu Santo, parte de las bellezas naturales de este pueblo.

La pesca, juegos de golf, trotar a caballo, navegar en kagak y el ecoturismo, son parte de las muchas actividades que se desarrollan aquí.

ACCESOS

Norte: Océano Atlántico; Loíza, PR 187 y PR 188-3
Sur: Las Piedras, PR N/A; Naguabo, PR N/A;
         Ceiba, N/A
Este: Luquillo, PR 3
Oeste: Canóvanas, PR 3
Ríos: Herrera, Espíritu Santo, Mameyes, Río Grande

LUGARES DE INTERES

Playas: Las Picúas, Carmelita (Río Mar), Percha, Espíritu Santo

Charcas: Cueva del Indio, El Violín, El Verde, La Sonadora, Quebrada Grande, La Cascadina del Yunque

El Yunque

Río Grande Plantation

Coco Beach

Hacienda Paola

Centro del Pueblo

Area Recreativa de El Verde

Area Recreativa Fam. El Campo

Cascada Espíritu Santo, El Verde

Berwind Country Club

Río Mar Resort (Club de Golf)

HOSPEDERIAS

Parador El Verde

Motel Las Palmas*

Río Mar

Motel Patria*

Berwing Country Club

La Ceiba Hotel y Casino (cerrado temporalmente)

RESTAURANTES

Villa Pesquera Sea Food

Las Vegas

Brisas del Mar

Don Pepe

El Chapín

Isla de la Fantasía

La Sombra

Rincón Perfecto

Tropicale

El Pentagrama

Rodesio's Carabalí Steak House

FIESTAS DE PUEBLO

Fiestas Patronales Nuestra Señora del Carmen (julio)
Fiestas de Cruz (mayo)
Festival de Platos Típicos

---

*No reconocidos por la Compañía de Turismo.

RIO PIEDRAS

"LA CAPITAL UNIVERSITARIA"
"LA CAPITAL COMERCIAL DE PUERTO RIC´
"LA CIUDAD DEL ROBLE"

(MUNICIPIO DE SAN JUAN)

Fecha de Fundación: 1714   *Población: 332, 865*

He aquí un municipio con plaza, iglesia, Santo Patrón, fiestas patronales, pero sin alcalde. Fundado a principios del siglo 18, fue pueblo hasta el 1951 cuando pasa a ser parte de San Juan, Sin embargo a los riopedrenses poco les ha afectado en su orgullo pueblerino. Este sigue siendo el pueblo de Pepe Díaz, los Arzuaga, Villamil, Arrillaga, Gastambide, Urrutia, Ubarri y los Sánchez de Sabana Llana. Fue el pueblo del palo ensebao, del hipódromo las Casas, Quintana, Las Monjas, Villa Palmeras y El Comandante, este último reñido con Carolina. Aquí ubican los dos centros comerciales más importantes del Caribe; el Casco de Río Piedras y Plaza Las Américas. Además se encuentran reunidos la mayor cantidad de centros universitarios en la isla: U.P.R, U.M.E.T., P.R. Junior College, Interamericana, amén de una rica cantidad de colegios tecnológicos y comerciales. Un dato curioso de este "municipio" es que todavía en la década de los '70 tenía un equipo de baloncesto llamado Los Cardenales que en el 1974 le ganó el campeonato nacional a Los Piratas de Quebradillas. Su nombre se deriva del Río Piedras (conocido por nuestros aborígenes como Guaracanal) que nace en Caimito y termina como afluente del Río Puerto Nuevo, único río, de San Juan. Pertenece al área de los llanos costaneros del norte y a las pequeñas colinas además de algunos pequeños vestigios de mogotes calcáreos.

ACCESOS

Norte: Océano Atlántico
Sur: Aguas Buenas, PR 1; Caguas, PR 1-52
Este: Carolina, PR 3-181; Trujillo Alto, PR 3-181
Oeste: Guaynabo, PR 17-21-22-2
Ríos: Río Piedras, Puerto Nuevo

LUGARES DE INTERES

Universidad de P.R. (Museos, etc.)
Fundación Luis Muñoz Marín
Jardín Botánico & Estación Experimental UPR
Paseo de Diego
Coliseo Roberto Clemente
Estadio Hiram Bithorn
Plaza Las Américas
Cuartel General de la Policía
Felicilandia
Parque Luis Muñoz Marín
Bolera Paradise
Plaza Acuática
Aljibe - Las Curias

HOSPEDERIAS

Del Valle*
Roxy*
Pratt Hotel*

RESTAURANTES

El Hipopótamo
Rest. Valencia
La Fonda del Jibarito
Denny's
Ponderosa
Howard Pub
The Village
El Obrero
El Metropol
Los Chavales
El Paseo
Costa Brava
Concha & Pepe
TGI Fridays
Casa Diego
Bonanza
Muchos otros...

FIESTAS DE PUEBLO

Nuestra Sra. del Pilar (12 octubre)
Capetillanos Ausentes, Bo. Capetillo (octubre)

---

*No reconocidas por la Compañía de Turismo.

SABANA GRANDE

"LOS PETATEROS"

Alcaldía (809) 873-2060

Fecha de Fundación: 1813   *Población: 22,843 (1990)*

El pueblo del famosísimo Pozo de la Virgen, el pueblo del comediante Adalberto Rodríguez "Machuchal", del primer aviador puertorriqueño conocido como el "Aguila de Sabana Grande" Félix Rigau, el pueblo que se dice fue el primero en celebrar los Días de los Hijos Ausentes, el pueblo del único cementerio masónico de la Isla, el pueblo de Sabana Grande. El origen del nombre proviene de la extensa sabana (llanos) que ocupa la parte sur.

Localizado en una llanura de las Colinas del Sur, comenzó a poblarse desde principios de la colonización y se convirtió en barrio de San Germán. Los vecinos del territorio lograron antes de 1808 erigir una iglesia que fue auxiliar de la parroquia de San Germán en honor a San Isidro Labrador y de Santa María de la Cabeza.

La siembra de la caña de azúcar logró un gran desarrollo económico, y se destacaron las haciendas San Francisco, La Carmelita, y La San Felipe. Para la década de los '50 supuestamente se les apareció la Virgen a tres niños aquí, lo que provocó desde entonces la visita de miles de personas al año.

En este pueblo, con las ramas de un tipo de palma que crece cerca del Bosque Susúa, se cofecciona un tejido conocido como el Petate.

ACCESOS

Norte:	Maricao, PR 120
Sur:	Lajas, PR 117-121; Guánica, PR 116-2-363
Este:	Yauco, PR 121
Oeste:	San Germán, PR 102
Ríos:	Cruces, Guanajibo, Loco

LUGARES DE INTERES

Cueva del Indio
Bosque Susúa
Logia Masónica
Casa Barco
Hacienda Albino
Hacienda San Felipe
Hacienda Gaztambide
Hacienda Victoria
Ruta Panorámica PR 366
El Pozo de la Virgen

HOSPEDERIAS

Hotel Carmen*

RESTAURANTES

Rest. Borrelis
Café Betances
Rest. Ricky's Family
Rest. Santiago
Valentine's Rest.

FIESTAS DE PUEBLO

Festival del Petate (febrero)
Fiestas Patronales San Isidro Labrador (mayo)

---

*No reconocido por la Compañía de Turismo.

SALINAS

"CUNA DE MOJITO ISLEÑO"

Alcaldía (809) 824-3060

Fecha de Fundación: 1851   *Población: 28,335 (1990)*

Hablar de Salinas es describir un pueblo lleno de encantos y con tradición taína, en esta región dominó el cacique Abey. Luego perteneció a Coamo hasta su fundación a mediados del siglo 19.

Este pueblo tiene la belleza del paisaje de la Sabana Aluvial del Sur. Su llano fue el lugar ideal para establecer áreas deportivas como el Albergue Olímpico y la pista de carreras de automóviles, P.R. Speedway. Toma su nombre por las salinas que había en la región.

La Central Aguirre es evidencia de la gran industria de caña de azúcar que aquí existió. Cuando vamos a Salinas es inevitable el comer los ya famosos tostones rellenos con mariscos que hacen las delicias del que los consume, rociados por el más famoso mojito isleño cuya receta sólo los salinenses conocen. Y si usted se siente triste, o débil, pruebe el "caldo de las siete potencias" y verá la diferencia.

ACCESOS

Norte:	Coamo, PR 14-153-52; Aibonito PR 1-162; Cayey, PR 52
Sur:	Mar Caribe
Este:	Guayama, PR 3
Oeste:	Coamo, PR 14-153-52; Santa Isabel, PR 1
Ríos:	Salinas, Lapa, Majada, Jájome

LUGARES DE INTERES

P.R. International Speedway (7ma. más grande del mundo)
Campamento Santiago (Guardia Nacional PR)
El Albergue Olímpico
Central Aguirre
Museo del Deporte
Cayos Caribe (Reserva Jobanes)
Bahía de Jobos
Bosque de Aguirre
Playa Pozuelo

HOSPEDERIAS

Villa del Abey
Posada El Náutico
Marina de Salinas & Posada
El Náutico
IRMICAI-Camping Resort

RESTAURANTES

El Greco
El Coral
La Puerta al Sol
La Barca
Area Villa Pesquera
El Roble
Muchos Otros.

FIESTAS DE PUEBLO

Carnaval Abey (febrero)
Festival del Pescao (junio)
Fiestas Patronales Virgen de la Monserrate (septiembre)

SAN GERMAN

"CIUDAD FUNDADORA DE PUEBLOS"
"LA CIUDAD DE LAS LOMAS"

Alcaldía (809) 892-3500

Fecha de Fundación: 1573   *Población: 34,962 (1990)*

Muchos la conocen como la "Ciudad Peregrina", debido a las frecuentes mudanzas que tuvieron que realizar sus primeros pobladores. Los constantes ataques de los indios caribes, de los franceses y los problemas con los mosquitos, llevaron a estas personas a tratar de ubicarse en varios lugares del área sudoeste de la Isla hasta llegar a su lugar actual en las Lomas de Santa Marta, en el área geográfica conocida como las Colinas del Sur. A este histórico pueblo se le considera uno de los más antiguos del Nuevo Mundo. Los sangermeños se comenzaron a establecer como colonos en otras áreas de la Isla, sembrando así la semilla de otras aldeas y pueblos, por eso la conocen como "Ciudad Fundadora de Pueblos". Al principio de la colonización española se dividió la Isla en dos territorios políticos: Partido de San Juan (hacia el este) y Partido de San Germán (hacia el oeste). Muy pocos saben que al camino rústico entre las dos ciudades más antiguas del país, San Juan y San Germán, se le conocía como "la Ruta de Caín" por lo tortuoso e incómodo del viaje. Al morir la Reina Isabel, el Rey Fernando se casa con la dama francesa Germana de Foix y es en honor a ella que bautizan al nuevo poblado como San Germán. El monumento más simbólico de esta municipalidad lo es la antigua Iglesia Porta Coeli ("puerta al cielo") construida para el 1606.

ACCESOS

Norte: Mayagüez, PR 2-114; Maricao, PR 119-102 y PR 105-119-2-360
Sur: Lajas, PR 101-118
Este: Sabana Grande, PR 2-102
Oeste: Hormigueros, PR 114; Cabo Rojo, PR 102
Ríos: Rosario, Guanajibo, Duey, Hoconuco, Caín, Cupeyes

LUGARES DE INTERES

La Antigua Casa Alcaldía
Iglesia Porta Coeli
Casa Lola Rodríguez de Tió
Casa del Componte
Iglesia Católica de San Germán de Auxerre
Plazuela Santo Domingo
Plaza Principal Francisco Mariano Quiñones
Galería Histórica
Escalera y Canales de la Universidad Interamericana
Ceiba de la Libertad
Puente de Bolas
Estación del Tren
Nueva Casa Alcaldía
Mural Tres Razas y Una Cultura
Túneles Subterráneos

HOSPEDERIAS

Parador El Oasis

RESTAURANTES

La Botica
Oasis
El Bosque
Parador El Oasis
Pizza Hut
El Retiro
Mike's Steak House
El Fogón de Pedro

FIESTAS DE PUEBLO

Festival de la Caña
Festival del Anón (sept.)
Fiestas Patronales San Germán Euserre (oct.)
Festival de Navidad (dic.)

SAN JUAN I*

"LA CIUDAD AMURALLADA"

Alcaldía (809) 724-7171

Fecha de Fundación: 1521　　　　　　　　　*Población: 437,745*

Es en esta ciudad ubicada en los Llanos Costeros del Norte se origina el nombre de nuestra tierra, pues al llegar en 1508 el Conquistador Juan Ponce de León a su magnífica bahía, maravillado la nombra "Puerto Rico". La ciudad fundada en 1521 es una de las más antiguas del hemisferio y considerada como joya de la arquitectura colonial española. Quizás haya sido el botín más preciado por los piratas, corsarios y enemigos de España. Para la península fue bastón de defensa de su imperio en ultra mar, evidencia de su importancia estratégica son sus magníficas fortificaciones y su muralla. En nuestra ciudad capital se encuentra una perfecta combinación de zonas históricas, áreas turísticas y comerciales, educativas y de la banca, recreativas y sociales que convierten a esta dinámica ciudad en la más importante de la región de Caribe.

Gran ciudad de grandes puertorriqueños entre los que se destacan don Luis Muñoz Marín, primer gobernador electo; José Campeche, primer pintor de la Isla; Alejandro Tapia y Rivera fundador del Ateneo Puertorriqueño.

---

*San Juan I:　　Viejo San Juan, Puerta de Tierra

ACCESOS

Norte: Océano Atlántico

Sur: Aguas Buenas, PR 1; Caguas, PR 1-52

Este: Carolina, PR 3-181; Trujillo Alto, PR 3-181

Oeste: Guaynabo, PR 17-21-22-2

Ríos: Río Piedras, Puerto Nuevo

LUGARES DE INTERES

Castillo San Felipe del Morro

Polvorín de Santa Elena

Escuela de Artes Plásticas (Antiguo Manicomio de San Juan)

Cementerio Santa Magdalena de Pazzis

Hospital Rodríguez y Cuartel Ballajá

Casa Beneficencia

Casa Blanca

Colegio de Párvulos

Convento de los Dominicos (Instituto de Cultura Puertorriqueño)

Museo Pablo Casals

Casa de los Contrafuentes y Museo de Farmacia

Centro de Estudios Avanzados de PR y Caribe (Seminario Conciliar)

La Primera Iglesia Puertorriqueña Iglesia San José

Plaza San José

Museo del Indio

Catedral de San Juan

Plazoleta de las Monjas

Rogativa

Museo de Doña Felisa Rincón de Gautier

Palacio Santa Catalina (Fortaleza)

La Intendencia (Departamento de Estado)

La Capilla del Cristo

Bastión de las Palmas

Parque de las Palomas

Plaza de Armas (Plaza Baldorioty de Castro)

Plaza Colón

Teatro Tapia

Arsenal de la Puntilla

Zona Portuaria

Capitolio de PR

Centro de Recepciones del Estado (Antiguo Casino de PR)

Castillo San Cristóbal

Plaza Salvador Brau

Iglesia y Colegio San Agustín

Ateneo Puertorriqueño

Casa de España

Parque Luis Muñoz Rivera

Area del Escambrón

Estadio Sixto Escobar

Terminal del Aqua Expreso

Puente San Jerónimo del Boquerón

WLII TV Canal 11

Compañía de Turismo (antigua Cárcel la Princesa)

Centro de Información Turística-Plaza Dársenas

FIESTAS DE PUEBLO

Festival Floklórico Internacional (enero)

Festival Teatro Musical (enero)

Festival Calle San Sebastián (febrero)

Festival de Claridad (febrero)

Festival Teatro Puertorriqueño (marzo)

Fiesta Música Puertorriqueña (mayo)

Concurso Nacional de Trovadores, cuatro, güiro, danza (mayo)

Festival de Verano (junio)

Festival Casals (junio)

Festival de Cerámica (septiembre)

Festival Cultural del Niño (septiembre)

Concurso Nacional del Cuatro (diciembre)

Festival Infantil Arlequín (diciembre)

Clubes nocturnos, restaurantes, discotecas, hoteles (ver revista *Que Pasa y Go*).

SAN JUAN II*

SAN MATEO DEL CANGREJO**
"CANGREJEROS DE SANTURCE"

Fecha de Fundación: 1773   *Población: 95,184*

El área de Santurce, desde Miramar hasta Piñones, era el Pueblo de San Mateo de Cangrejos. Sus características e historia son muy distintas a la ciudad capital. Sabemos que sus fundadores y principales pobladores fueron esclavos libertos y esclavos que huyeron de las antillas menores tentados por la libertad que para ellos el gobierno de España ofrecía.

La Iglesia San Mateo, localizada en la calle San Jorge esquina Eduardo Conde en Santurce fue la Iglesia de este pueblo.

Una de sus curiosidades es que el actual Hotel Condado Beach fue construido por la familia norteamericana Vanderbilt para ser su casa de vacaciones (se dice que nunca fue usada con estos propósitos) y que debido a esto su salón ejecutivo tiene su apellido.

En el 1863 San Mateo del Cangrejo fue suprimido y sus barrios anexados a Carolina, Río Piedras y San Juan.

Al igual que Río Piedras sin tener personalidad municipal tuvo equipo de Baloncesto y actualmente tiene su representación en la liga del béisbol profesional: "Los Cangrejeros".

---

*San Juan II: Condado, Miramar, Santurce

**San Mateo de Cangrejos: Notas para su historia, Gilberto Aponte Torres, Entrevista con el autor.

ACCESOS

Norte:	Océano Atlántico
Sur:	Aguas Buenas, PR 1; Caguas, PR 1-52
Este:	Carolina, PR 3-181; Trujillo Alto, PR 3-181
Oeste:	Guaynabo, PR 17-21-22-2
Ríos:	Río Piedras, Puerto Nuevo

LUGARES DE INTERES

Aeropuerto Isla Grande
Central High
Centro Convenciones
Hospital Ashford Medical Center
La Playita
La Pocita
La Playa del Condado
Plaza Las Nereidas
Alto del Cabro
Centro de Bellas Artes
Pabellón de Las Artes
El Colegio de Abogados
Club Náutico de San Juan
Clubes nocturnos, restaurantes, discotecas y hoteles ver revista *Qué Pasa* y *Go*.
Miramar, Ocean Park, etc...
Iglesia San Mateo (1760)
Sinagoga
Universidad Sagrado Corazón
Casa Avoy

FIESTAS DE PUEBLO

Festival Folklórico Internacional (enero)
Festival Teatro Musical (enero)
Festival Calle San Sebastián (febrero)
Festival de Claridad (febrero)
Festival Teatro Puertorriqueño (marzo)
Fiesta Música Puertorriqueña (mayo)
Concurso Nacional de Trovadores, cuatro, güiro, danza (mayo)
Festival de Verano (junio)
Festival Casals (junio)
Festival de Cerámica (septiembre)
Festival Cultural del Niño (septiembre)
Concurso Nacional del Cuatro (diciembre)
Festival Infantil Arlequín (diciembre)
Festival de Maelo
Fiestas de Cruz

HOSPEDERIAS*

---

*Para hoteles, casa de huespedes u otra facilidad de alojamiento remítase a la revista *Qué Pasa*, *Go* u otra especializada en la industria turística.

SAN LORENZO

"LOS SAMARITANOS"

Alcaldía (809) 736-2541

Fecha de Fundación: 1811 *Población: 35,163 (1990)*

En el 1906 este municipio registró una temperatura de 103°F, récord para Puerto Rico y el propio pueblo. Así de caluroso ha sido y es su fervor religioso. Desde los comienzos de su historia se relatan con devoción y respeto prodigios y milagros. Su nombre y su cognomento surgen de eventos sucedidos aquí, veamos. Al fundarse el pueblo se llamó San Miguel de Hato Grande, sin embargo, por la aparición del mártir diácono San Lorenzo en esta zona, los vecinos deciden cambiar el nombre del pueblo aun en contra de las autoridades eclesiásticas. Por Julia Vázquez, que desde niña comenzó a realizar milagros y curaciones, se le conoce a este pueblo como "Los Samaritanos".

Hay un lugar en este pueblo donde se respira un aire místico, El Santuario en la montaña santa, lugar donde vivió Elena Huge, a quien los Samaritanos llaman "Vuestra madre". De ella se dice que ascendió al cielo, que no se conocía de su nacimiento y que posiblemente fuera la Virgen del Carmen. Vivió con gran sentido de conciencia cristiana, realizó milagros y dejó un legado de revelaciones.

San Lorenzo pertenece a la región del Valle Interior de Caguas y a la Sierra de Cayey.

ACCESOS

Norte: Gurabo, PR 181
Sur: Patillas, PR 181; Yabucoa, PR 181-182
Este: Juncos, PR 928; Las Piedras, PR 183
Oeste: Caguas, PR 183; Cayey, PR 184-7740-181
Ríos: Guayaguas, Río Grande de Loíza

LUGARES DE INTERES

Casa Alcaldía
Plaza de Recreo e Iglesia
Montaña Santa
Cerro La Santa
Cerro Jacinto
Complejo Deportivo
Sector El Bosque (ribera del Río Grande de Loíza)
Rancho Quintana
Gallera San Carlos
Jueves-Feria de caballos, vacas y becerros
Miércoles-Feria de Autos
Playa del 9 Night Club

HOSPEDERIAS

No Disponibles.

RESTAURANTES

El Flamboyán
El Negocio de Manolín
Rest. Rubén
El Pino
Martha's Place
Cuchilandia
Los Gómez
Day & Night
Blue Room
Win Bakery

FIESTAS DE PUEBLO

Trulla de Reyes (enero)
Fiestas de la Candelaria (febrero)
Festival de Chiringas (marzo)
Fiestas de Cruz (mayo)
Rosario Cantado (julio)
Fiestas Patronales Virgen de Las Mercedes (septiembre)
Festival de Bordado y Tejido (septiembre)

SAN SEBASTIAN

"LOS PEPINIANOS"

Alcaldía (809) 896-2300

Fecha de Fundación: 1752   *Población: 38,799 (1990)*

A sus habitantes se les conoce como "pepinianos" por ser el nombre oficial de este poblado, San Sebastián del Pepino. Cuenta una leyenda que hace unos siglos se apareció San Sebastián Mártir en la región y que este suceso provocó que gran cantidad de devotos a este santo se establecieran allí. "Pepino" es la forma como regionalmente le llaman a los mogotes (pequeños montículos de piedra caliza muy comunes en toda esta parte de la Isla).

Este pueblo montañoso está enclavado en las tierras fértiles y frescas de las Colinas del Norte. Muy pocos saben que "El Pepino" (como se conoce popularmente al pueblo), tuvo una gran importancia por encontrarse situado por la ruta trazada del "Camino de Puerto Rico", que unía los dos centros de población más importantes del país.

Fue en este pueblo donde fracasó militarmente el llamado "Grito de Lares" de 1868, por lo que se escribió el nombre de este pueblo en una de las más importantes páginas de nuestra historia. Este pueblo cafetalero recibe cientos de visitantes que disfrutan de las bellezas del Lago Guajataca o de las Cuevas La Bruja, La Negro, La Collazo y La del Pozo; por el interior de éstas dos últimas fluye una quebrada.

En el poblado se encuentra desde 1896 la Farmacia Rabell, considerada como una de las más antiguas de la Isla.

ACCESOS

Norte: Isabela, PR 112-125; Quebradillas, PR 119-113
Sur: Las Marías, PR 119
Este: Lares, PR 111
Oeste: Moca, PR 111; Añasco, PR 109
Ríos: Sonador, Grande de Añasco, Culebrinas, Guatemala, Guajataca

LUGARES DE INTERES

Casa del Biólogo en el Lago Guajataca
Salto de Collazo
Cerro del Sombrero
Lago Guajataca
Catarata de Robles
Antiguo Ingenio (molino de caña)
Mercado Agropecuario
El Barandillo
Iglesia, alcaldía y centro del pueblo
Central La Plata

HOSPEDERIAS

El Soberao
Chopa's Resort
(son lugares para acampar con acceso al lago)
Hay disponibles casas privadas para alquiler.
Hotel El Castillo
Hotel La Sierra

RESTAURANTES

Rest. Mi Casa
La Cacerola
Cuchilandia

FIESTAS DE PUEBLO

Fiestas Patronales San Sebastián (enero)
Festival de Reyes (enero)
Festival de la Hamaca (julio)
Festival de la Novilla (enero)

SANTA ISABEL

"LOS POTROS DE SANTA ISABEL"

Alcaldía (809) 845-2025

Fecha de Fundación: 1842   *Población: 19,318 (1990)*

En el Llano Costanero del Sur en la zona aluvial se encuentra un pueblo que nos impacta por la cantidad de potreros que tiene. El riego artificial crea una combinación de tonos verdes y amarillos que hace del paisaje uno encantador.

Conocido como la Villa de Santa Isabel de Coamo, lleva este nombre en honor a la Reina Isabel, aunque también se le llamó Coamo Abajo. Cuna de grandes peloteros como Benito Santiago, José Chevel Guzmán. Este pueblo también fue baluarte del cultivo de caña de azúcar.

ACCESOS

Norte: Coamo, PR 153-14
Sur: Mar Caribe
Este: Salinas, PR 1; 52-153
Oeste: Juana Díaz, PR 1-149
Ríos: Descalambrado, Coamo, Jueyes

LUGARES DE INTERES

Malecón
Playa Jauca
Ruinas de la Hacienda Alomar
Museo Indígena
Plaza de los Fundadores
Torneo de Rodeos
Bosque Aguirre

HOSPEDERIAS

Motel Las Vegas*

RESTAURANTES

Acuario
El Yate
Casa Blanca
Carlito's Sea Food
Rancho Lona

FIESTAS DE PUEBLO

Festival del Mangó (mayo)
Carnaval del Juey (junio)
Fiestas Patronales Santiago Apóstol (julio)
Carnaval del Cemí (octubre)
Carnaval del Pavo (noviembre)
Carnaval de Baloncesto Barrio Ollas (junio)

*No reconocido por la Compañía de Turismo.

TOA ALTA

"PUEBLO DEL JOSCO", "CUNA DE POETAS"

Alcaldía (809) 870-2100

Fecha de Fundación: 1751   *Población: 44,101 (1990)*

"En el Caño de Martín Peña mataron a Pepe Díaz*, que era el soldado más valiente que el Rey de España tenía". Este famoso estribillo tiene como héroe un hijo de Toa Alta, a raíz del heroismo demostrado durante el ataque de los ingleses en el 1797. Pueblo que pertenece a las colinas húmedas del norte. Fue donde se estableció la primera estación experimental agrícola con el nombre de Granja de los Reyes Católicos.

Este pueblo se componia mayormente de labriegos y familias isleño-canarias, cuya descendencia fundó las aldeas de las "thoas" conocidas luego como "Thoa Alta" una y "Thoa Baxa" la otra. Es importante mencionar que nuestro gran cuentista Abelardo Díaz Alfaro** es hijo adoptivo de este pueblo.

El Río La Plata fue conocido por nuestros aborígenes como Toa cuyo significado era fertilidad. Toa Alta está en la parte alta de este río y Toa Baja en la parte baja del mismo.

---

*Pepe Díaz es reclamado también como hijo de la Villa del Roble, Río Piedras.

** De Abelardo Díaz surgen sus dos cognomentos. Del cuento *El Josco* el primero y de su figura el segundo.

ACCESOS

Norte:	Dorado, PR 165; Toa Baja, PR 165
Sur:	Naranjito, PR164-167
Este:	Bayamón, PR 165
Oeste:	Vega Alta, PR 2-165-164; Corozal, PR 159-165
Ríos:	La Plata, Lajas, Bucarabones

LUGARES DE INTERES

Casa del Rey (Alcaldía)
Cueva "Los Conventos" y su río subterráneo
El Arbol "Bala de Cañón"
Iglesia San Fernando
Plaza de Recreo

HOSPEDERIAS

No disponibles.

RESTAURANTES

Jokanelly
La Alegría Chicken Inn

FIESTAS DE PUEBLO

Fiestas Patronales San Fernando (mayo)
El Arbol Legendario y Música Típica (noviembre)

TOA BAJA*

"LA CIUDAD BAJO AGUAS"

Alcaldía (809) 794-1135

Fecha de Fundación: 1745   *Población: 89,454 (1990)*

Son muchas las personas que piensan que Isla de Cabras pertenece a Cataño. Este importante islote pertenece al municipio de Toa Baja. Al principio de la colonización los españoles comenzaron a militarizar el área de San Juan e Isla de Cabras fue punto estratégico con el Fortín El Cañuelo, ya que junto con El Morro creaban una línea de fuego cruzado que impedía la entrada de barcos enemigos a la bahía. También en la misma se encontraba el leprocomio, pues por estar separado era el sitio idóneo para localizarlo. Ahora Isla de Cabras es un área de recreación pasiva para la familia puertorriqueña.

Toa Baja pertenece a los Llanos Costaneros del Norte. Fue una de las áreas pertenecientes a las Vegas Reales del Thoa, que se destacaban por la fertilidad de su terreno y el cultivo de caña de azúcar.

Este bello pueblo se ha estado desarrollando hacia el urbanismo, y se destaca el área de Levittown, una de las urbanizaciones más grandes de Puerto Rico. Levittown ha creado un carácter independiente y el mismo lo ha llevado a querer ser un nuevo municipio.

---

*Explicación del origen de su nombre en Toa Alta.

ACCESOS

Norte:	Dorado, PR 699-165; Océano Atlántico
Sur:	Toa Alto PR 165
Este:	Cataño, PR 5-165; Bayamón, PR 2-165
Oeste:	Dorado, PR 699-165
Ríos:	La Plata, Cocal, Bayamón, Río Hondo

LUGARES DE INTERES

Planta Termoeléctrica de Palo Seco
Isla de Cabras
a) Fortín San Juan de la Cruz (El Cañuelo)
b) Ruinas del Leprocomio Provincial
Balneario Punta Salinas
Puente y Río Cocal
Central y Constancia (chimenea)
Isla de las Palomas
Casa del Conde
Bolero Tour Line
Centro del Pueblo

HOSPEDERIAS

Campomar*
El Taíno*
El Borinque*
El Rodríguez*
Villa Tropical (Levitown)*

RESTAURANTES

El Pionono Criollo
El Vigía
Campomar
Río Mar
La Guarida del Pirata
La Bolla 4
La Casita
La Almeja

FIESTAS DE PUEBLO

Festival de Arte y Artesanía (marzo)
Fiestas Patronales San Pedro Apóstol (junio)
Festival Playero (julio)
Festival Banda de Música (agosto)
Fiestas de Navidad (diciembre)

*No reconocidas por la Compañía de Turismo.

TRUJILLO ALTO

"EL PUEBLO DE LOS ARRECOSTAOS"

Alcaldía (809) 761-0172, 755-6565

Fecha de Fundación: 1801   *Población: 61,120 (1990)*

Allí en las pequeñas colinas húmedas del norte existe un pueblo cuyas casas están construidas una cerca de la otra, tal parece que estuvieran inclinadas. En Puerto Rico se le conoce como el pueblo de los recostaos o arrecostaos. Además, se dice que los trujillanos gustan de recostarse de las paredes, de ahí las dos posibilidades de su apodo.

Su nombre tiene abolengo legendario,pues su fundador Alonso de Trujillo venía de Trujillo, aquella ciudad fundada por Julio César en la región de Extremadura en España.

Fundada en lo alto de la colina se le llamó Alto para diferenciarlo del Trujillo Bajo localizado en la vega del Río Grande de Loíza, ahora Carolina. Si le gusta la alcapurria de masa, carne o jueyes de Loíza o Carolina, en Trujillo Alto debe probar el macabeo, hecho con una receta muy diferente ¡SORPRESA!

ACCESOS	
Norte:	San Juan, PR 181-176
Sur:	Caguas, PR 52-135; Gurabo, PR 181
Este:	Carolina, PR 858
Oeste:	San Juan, PR 176-181
Río:	Río Grande de Loíza

LUGARES DE INTERES

La Represa de Carraízo (escénico 1954)

La Gruta de Lourdes (religioso 1926)

Manantial de la Montaña (económico 1972)

Centro del Pueblo (cultural)

Puente Viejo (histórico 1939)

Convento Carmelitas de San José (religioso 1651)

El Palmar de la Montaña (centro recreativo)

Salto de Buenos Aires (escénico)

Silla Quebrada Negrito (escénico recreativo)

Fundación Luis Muñoz Marín

Antiguo Laprocomio

HOSPEDERIAS

Motel Riverside*

Motel El Embajador*

Motel El Presidente*

Motel El Lago*

Hotel Lake Side*

Hotel High Park*

Hotel Imperial*

RESTAURANTES

Rest. El Lago

Rest. El Remanso

Rest. El Pino

Rest. y Lechonera La Parada

Lechonera Toledo

La Casa del Churrasco & El Hamburger

FIESTAS DE PUEBLO

Fiesta Patronal Santa Cruz (septiembre)

Feria de Paso Fino (noviembre)

Festival del Macabeo (diciembre)

Maratón del Arrecostao

---

*No reconocidos por la Compañía de Turismo.

UTUADO

"EL PUEBLO DEL VIVI"

Alcaldía (809) 894-3505

Fecha de Fundación: 1739   *Población: 34,980 (1990)*

El Cacique Guarionex dominaba toda la región que se conocía como Otoao, palabra indoantillana que significa "entre montañas" o "montañas tras montañas". Estaba localizada en la Cordillera Central, región que ahora ubica a los actuales pueblos de Utuado, Lares, Adjuntas, Camuy y parte de Aguada. Dentro de ese inmenso territorio existían varios caciques menores y entre ellos existió uno conocido como cacique Otoao, que al cristianizarse se llamó Don Alonso.

Toda el área estuvo muy poblada por grupos indígenas y su mayor herencia al pueblo del Puerto Rico de hoy es, sin lugar a dudas, el Parque Ceremonial Indígena Caguana, magnífica evidencia de ese glorioso pasado. Actualmente el arqueólogo Osvaldo García Goyco postula que algunas de sus plazas están orientadas a la salida del sol en los equinoccios y solsticios de las cuatro estaciones del año. Al pasar de los años, 70 familias procedentes de Arecibo se establecen y fundan el poblado del "Valle del Otoao". No es hasta el 1745 que aparece por primera vez el uso de la palabra indígena españolizada como Utuado.

Son muchas las familias puertorriqueñas que disfrutan de las bellezas naturales que ofrece este pueblo en sus cuatro lagos*, en los cuales se practica mucho la pesca deportiva, o de las maravillas del Bosque de Río Abajo. Son pocas las personas que saben que este es el municipio donde más cuevas existen, de los que se destacan Los Corozos y Los Barreses.

---

*Dos Bocas, Caonillas, Viví y Jordán.

ACCESOS

Norte: Hatillo, PR 111-129-120-134; Arecibo, PR 10

Sur: Adjuntas, PR 10; Ponce, PR 10; Jayuya, PR 111-140-144

Este: Ciales, PR 140-146; Jayuya, PR 111-140-144

Oeste: Lares, PR 111-129

Ríos: Río Grande de Jayuya, Río Grande de Arecibo, Caonillas, Tanamá, Limón, Viví, Jordán y La Venta

LUGARES DE INTERES

Parque Ceremonial Indígena de Caguana

Lago y Represa Dos Bocas**

Río Tanamá y sus túneles

Lago Caonillas, Viví y Jordán

Hacienda Roses

Cascada El Saltillo

Loma del Viento (lugar escénico)

Colegio Regional de la Montaña (UPR)

Iglesia, plaza y alcaldía

Area Recreativa Ricky's

Monumento a los Soldados Utuadeños

Taller Artesanal Carmelo Martell (confección de cuatro y tiples)

Poblado Angeles

Taller Herencia Taína

Galería Ivanet

HOSPEDERIAS

Villa Attabeira*

Hotel el Viví*

Parador Casa Grande

Cabañas Don Alonso*

Motel el Lago*

RESTAURANTES

Parador Casa Grande

Angelos

Bonanza

Cafetería Rest. Limares

Rest. Doña Fela

El Flamingo

Rest. Agüeybaná

Acuario Sea Food

Pizzería Rosario

Rancho Marina

Pizzería y Rest. El Indio

El Batey de la Abuela

FIESTAS DE PUEBLO

Fiestas del Barrio Angeles (marzo)

Fiestas Patronales San Miguel Arcángeles (septiembre)

Culturales del Otoao (diciembre)

Rosarios de Cruz (mayo)

Fiestas de Guarionex (abril)

---

*No reconocidos por la Compañía de Turismo.

**Tiene embarcadero y lanchas gratis para paseos

VEGA ALTA

" EL PUEBLO DE LOS ÑANGOTAOS"

Alcaldía (809) 883-5900

Fecha de Fundación: 1775   *Población: 34,559 (1990)*

En el área del Llano Costanero del Norte se encuentra un pueblo cuyo terreno es uno de los más fértiles en Puerto Rico: Vega Alta. El cultivo de la caña de azúcar en años pasados predominó la actividad y la vida de este pueblo.

Esta área se conoció como Las Vegas Reales del Thoa, luego las diferenciaron como Vega Alta y Vega Baja por su altitud. Sus campos sembrados de azúcar nutrían a la Central San Antonio de Vega Baja.

Es notable mencionar que en este pueblo se encuentra una de las playas más visitadas en Puerto Rico, el Balneario de Cerro Gordo en el cual puedes disfrutar de áreas para acampar.

Se dice que los vegalteños siempre esperaban el tren eñangotaos y a esto se debe su apodo.

LUGARES DE INTERES

Balneario Cerro Gordo (cuenta con
   áreas para acampar)
Antigua Central del Carmen
Bajuras Camping
Artesanías (calle Unión)
Monumento a Gilberto Concepción
   de Gracia
Bosque de Vega Alta

HOSPEDERIAS

Hotel Los Pescadores
Hotel Cerro Gordo

RETAURANTES

La Familia
Los Naborias
Pescadores
Zambra

FIESTAS DE PUEBLO

Carnaval Vegalteño (febrero)
Fiestas Patronales Inmaculada Concepción de
   María (diciembre)
Festival de La Caña

VEGA BAJA

"LA CIUDAD DEL MELAO MELAO"

Alcaldía (809) 855-2500, (809) 855-2515

Fecha de Fundación: 1776   *Población: 55,997 (1990)*

"Yo quiero melao, pero del melao melao". Vega Baja se destacó en nuestro país por el cultivo de caña de azúcar. El melao más dulce lo producían los vendedores ambulantes de Vega Baja.

Localizada en el bello llano del norte, ciudad de tradición de artesanos, hermosos edificios públicos, cuna de uno de los más famosos tríos de Puerto Rico, el Trío Vegabajeño. Su laguna Tortuguero lo hace muy especial, ya que es la única laguna de agua dulce en la parte norte de la Isla. Esta ciudad llamada Vega Baja del Naranjal de Nuestra Señora del Rosario, cuenta con una interesante historia desde la cultura arcaica, pasando por la colonización con Juan Ponce de León, hasta ser una ciudad en pleno desarrollo sin perder la candidez del pueblo.

ACCESOS

Norte: Océano Atlántico
Sur: Morovis, PR 155
Este: Vega Alta, PR 2; PR 160
Oeste: Manatí, PR 2; PR 687-685-686
Ríos: Unibón, Morovis, Cibuco

LUGARES DE INTERES

Monumento al Hombre de la Caña (carr. núm. 2)

Ruinas de la Central San Vicente

Farmacia Náter (se conserva básicamente como era en el siglo pasado)

Monumento al Soldado Puertorriqueño

Bella Alcaldía

Iglesia Nuestra Señora del Rosario (monumento nacional)

Centro Cultural y Biblioteca Pública (antiguo Teatro Fénix)

Parque Carlos Román Brull

Cancha Bajo Techo Moisés Navedo

Laguna Tortuguero

Zona Recreativa Tortuguero (museo militar)

Artesanía con Bejuco

Daniel Silva - artesano de vasijas Indígenas

Parque Luis Muñoz Marín

Edif. Rafael Cono Florio (antigua fábrica de tabaco)

Casa Alonzo

Boulevard Luis Muñoz Marín

Museo de Arte, Cultura e Historia Vegabajeña

Centro de Investigaciones Arqueológicas y Museo "Sebuco Ine" (Urb. Brasilia)

Casa Cultural y Turismo

Parque de Bombas

Ojo de Agua

Playa Puerto Nuevo

HOSPEDERIAS

Campo Alegre*
Molino Rojo*
La Cabaña*
Motel Vega Baja*

RESTAURANTES

Rest. Feders
Rest. El Fogón
Rest. La Marina
Tu Sitio Familiar

FIESTAS DE PUEBLO

Fiestas de Reyes en Tortuguero (enero)

Rosario de la Cruz (mayo)

Feria Socio-Cultural (mayo)

Festival Playero (mayo-junio)

Maratón Melao Melao (verano)

Fiestas Patronales Virgen del Rosario (septiembre-octubre)

Festival Navideño (diciembre)

---

*No reconocidas por la Compañía de Turismo

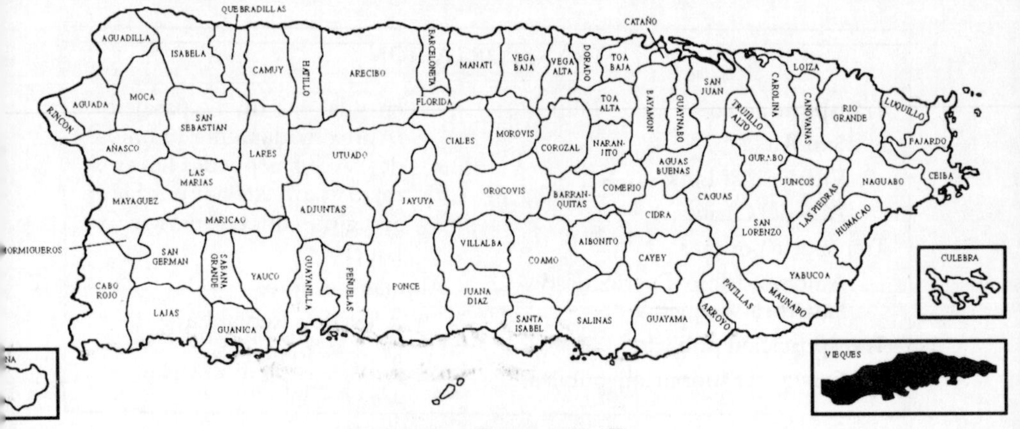

VIEQUES

"ISLA NENA"

Alcaldía (809) 741-2671, (809) 741-5000

Fecha de Fundación: 1843   *Población: 8,602 (1990)*

Hay una Isla Nena en lontananza...Así dice una moderna danza de Silverio Pérez, que le canta a esta pequeña isla que llamamos Vieques. El origen de su nombre está posiblemente unido a nuestros primeros pobladores taínos que la llamaron Belleque, Barán o Bieké que significaba tierra pequeña.

Los ingleses la llamaban "Crab Island" y Luis Lloréns Torres la bautizó "Isla Nena". Un dato singular de este municipio es que es el único que tiene capital: Isabel II; y ha sido uno de los dos pueblos de Puerto Rico que tuvo gobernador; Teófilo Leguillou, un francés a quien el gobierno español le permitió fundar un pueblo y gobernar.

Vieques tiene su propia bebida. El Bilí, una mezcla de ron blanco y quenepas. ¡PRUEBELA!

TRANSPORTACION

Transporte aéreo
  Sun Air
  Vieques Air Link
  Alas del Caribe
Transporte por mar
  Autoridad de los Puertos desde Fajardo a Vieques
Transportación pública
  Existe transportación pública en guaguas de 17 pasajeros. (Aproximadamente 15 unidades) Además puedes llevar tu carro y para esto hay que hacer arreglos con el Servicio de Lancha.
Alquiler de Autos
  Acevedo's Rental Car
  Marco's Rental Car
  Vías Rental Car

LUGARES DE INTERES

Fortín de Marisol
Faro Morropopó
Tumba de Leguillow
Antiguo Cine Teatro Nayda
Busto Simón Bolivar (Plaza Isabel II)
La Hueca (Asentamiento Arqueológico)
Centro del Pueblo
La Ceiba Centenaria (Entrada Base Naval)
El Malecón del Barrio La Esperanza
Vista Panorámica Carr. 997
Rompe Olas
35 Playas entre estas:
  Sun Bay (balneario)
  Red, Blue y Green Beach
  Media Luna
  Bahía Mosquito-bioluminiscente

LUGARES PAR ACAMPAR

Balneario Sun Bay

HOSPEDERIAS

Ocean View
Trade Winds
La Casa del Francés
Villa de la Playa
Bananas Guest House
Esperanza Beach Club (antiguo parador ahora en reparación)
La Lanchita
Sea Gate
The Cowe's West
Vieques Inn

RESTAURANTES

La Taberna Española
La Posada Vistamar
El Quenepo
Richard's Café
Hacienda Loma del Viento
Cowe's Rest. (Ver sección de hospederías)

FIESTAS DE PUEBLO

Festival Cultural (abril)
Fiestas Patronales Virgen del Carmen (julio)
Festival del Bilí (noviembre)
Festival de la Arepa (noviembre)

VILLALBA

"LA CIUDAD DEL GANDUR"

Alcaldía (809) 847-2495, 847-2240, 847-2500

Fecha de Fundación: 1917   *Población: 24,559 (1990)*

En la altura hay un pueblo que sabe a gandur. Desde sus miradores puedes observar la Costa Sur de Puerto Rico y admirar la belleza de sus lagos. Pueblo, donde la historia triste de Puerto Rico ha dejado huella con los sucesos del Cerro Maravilla, se impone ante su hermosa ruta panorámica. Se dice que el Duque de Alba visitó la región y que en honor a él se le conoció como la Villa del Duque de Alba, luego Villalba. Algunos historiadores afirman que es el único pueblo fundado por el empeño de un norteamericano, Walker Mc Jons, allá para el 1917. Se debe destacar que hace un tiempo se escribió un libro que destaca las gestiones y proezas del villabeño José Ramón Figueroa a quien también se atribuye la fundación de este pueblo*.

Se le conoce como la "ciudad Avancina" por ser uno de los primeros pueblos en tener teléfono, energía eléctrica, inodoros y telégrafo.

---

*Licenciado Jorge de la Cruz Figueroa "Figueroa: Fundador y Marqués de Villalba" Instituto de Cultura, 1981.

ACCESOS

Norte: Orocovis; PR 149; PR 143
Sur: Juana Díaz; PR 149
Este: Coamo; PR 150
Oeste: Juana Díaz; PR 149
Ríos: Toa Vaca, Jacaguas

LUGARES DE INTERES

Cerro Maravilla
Lago Guayabal
Lago Toa Vaca - Lago Guineo
Miradero (Sector Cerro Maravilla)
La Ruta Panorámica
Cerro La Corona
El Maguey*
Chorro Doña Juana
Piscinas Vista del Lago
Hacienda El limón
Campamento Liga Atlética

HOSPEDERIAS

No disponibles.

RESTAURANTES

Valle Verde
El Patio
Pinto's Rest.

FIESTAS DE PUEBLO

Maratón Carlos Baéz (diciembre)
Fiestas Patronales Virgen del Carmen (julio)
Festival Areyto (noviembre)
Maratón de Puerto Rico (julio)

---

*Se especializa en bebidas raras o sofisticadas. Acepta el reto del Pitirre.

YABUCOA

"LOS AZUCAREROS"

Alcaldía (809) 893-3000. (809) 893-2760

Fecha de Fundación: 1793   *Población: 36,483 (1990)*

Por sus extensos llanos costaneros repletos de caña de azúcar se le bautizó a este pueblo como "Los Azucareros".

Yabucoa, que en lenguaje taíno significa "lugar de agua" o "sitio de yuca", le ofrece al visitante toda una gama de contrastes panorámicos y diversión. Este fue el territorio del cacique Guaracoa.

Puertos, valles, balnearios, playas, ruinas, centrales de azúcar, cerros panorámicos y festivales durante todo el año, son parte del rico inventario que el pueblo de la yuca posee.

Ven a este pueblo del este y pregunta por la leyenda del Monte Calvario.

En 1901 hubo yacimientos de oro, plata y monacita.

LUGARES DE INTERES

Valle de Yabucoa

Centro del Pueblo y Plaza

Plaza Los Veteranos-Centro del Pueblo

El Puerto de Yabucoa-Bo. Camino Nuevo

Balneario Lucía-Bo. Camino Nuevo

Playa Guayanés, El Cocal, Quebrada Honda

Ruinas Hacienda de Santa Lucía

Ruinas del Antiguo Puerto Roig en Playa Guayanés

La Casa de La Cultura - Antiguo Hospital y Alcaldía

El Morrillo

Biblioteca Municipal

Central Roig

Sector Rabo Yegua (excelente vista panorámica)

Piedra Blanca (panorámico)

Cerro La Pica (panorámico)

Cerro Santa Elena

Cerro El Cabro

Casa de la Cultura

HOSPEDERIAS

La Roca Guest House*

Sepúlveda Guest House*

RESTAURANTES

Rest. El Horizonte

Rest. Doredmar

Rest. Camacho

Rest. Chino Tak Yick

Yabucoa Fried Chicken

La Tinajita

Rancho Alegre

FIESTAS DE PUEBLO

Festival del Azúcar, Guarapo y Melao (mayo)

Festival Playero (mayo)

Festival del Carmen en la Playa Guayanés (julio 16)

Festival de Quebradillas (septiembre)

Fiestas Patronales Santos Angeles Custodios (octubre)

Festival del Campesino (octubre)

Festival Jíbaro de Martorell (diciembre)

*No reconocidas por la Compañía de Turismo.

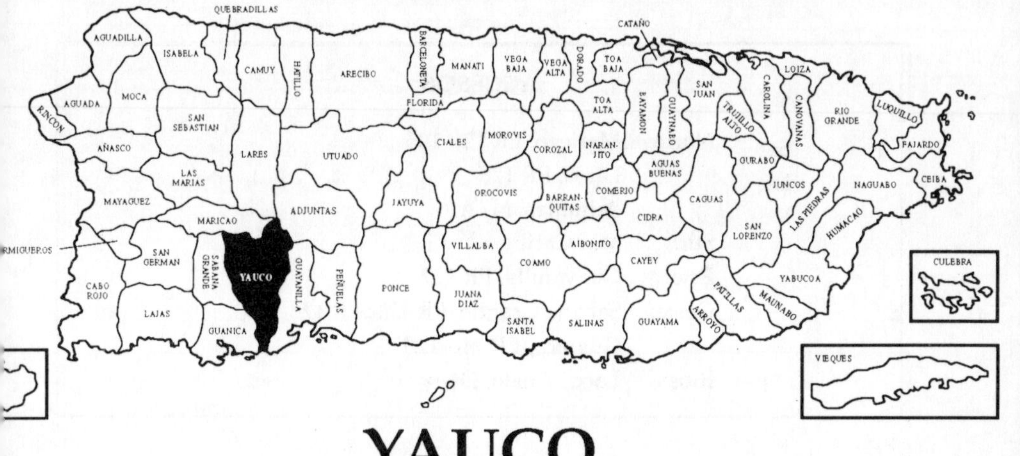

YAUCO

"EL PUEBLO DEL CAFE"

Alcaldía (809) 856-1345

Fecha de Fundación: 1756   *Población: 42,058 (1990)*

El pueblo del café más aromático de todo Puerto Rico y uno de los más aromáticos del mundo. La fama de este producto trascendió nuestras costas hasta tierras lejanas como Europa y Asia. Donde actualmente se encuentra este municipio, habitaban las más numerosas aldeas de la Isla, por ser en esta región el lugar donde vivía el Cacique Principal de Borinquen, Agüeybaná. Los primeros boricuas le llamaban a esta área Coayuco o Coayú, palabras indoantillanas que significaban "tierra o lugar de la yuca".

Hay que recordar que la yuca era el producto principal de consumo en la dieta taína. Al llegar los conquistadores, españolizan la palabra y la nombran como Yauco. El conquistador Juan Ponce de León visitó y habitó en este lugar donde selló su amistad con nuestro cacique Agüeybaná. Al pasar de los años muchos agricultores, ganaderos y caficultores se establecieron en la región y fundan una pequeña aldea. La llegada de inmigrantes procedentes de Islas Canarias, Mallorca, y sobretodo de la isla italo-francesa de Córcega, contribuyó notablemente al progreso del pueblo y son muchos los yaucanos apellidados Piazza, Mercucci, Amy, Ami, McCormic, Mattei, Catalá, Lluch, Veray. Fueron los mallorquines y luego los corsos quienes rompieron la maleza para levantar ricas y florecientes haciendas de café. ¿Quiere seguir el rastro al desendiente corso? Busque su apellido y si tiene al final una i latina, lo encontró.

LUGARES DE INTERES

Embalses Luchetti, Loco y Prieto
Bosque Seco de Guánica
Teatro Ideal
Iglesia, alcaldía, plaza y centro del pueblo
Casa Agre
Ruinas Hermita Nuestra Señora del Rosario
Castillo Tozza
Casona Cesari
Casa Mignucci
Casa Filardi
Casa Fleming
Cementerio
Haciendas Salvación, María, Pintado, Mogote y La Leonor

HOSPEDERIAS

Cabañas Muñoz*
Hotel El N.Y.*
Hotel El Cacique*
Hotel Hermanos Troche*

RESTAURANTES

Rest. El Pilón
El Rey del Sandwich
Golden Fried Chicken & Pizza
John's Steak House
Rest. La Guardarraya
Res. Lucky
Rest. New China Express
Salón Ejecutivo Toño Torres
Café Yauco
Brisas del Lago

FIESTAS DE PUEBLO

Festival Nacional del Café (febrero)
Fiestas Patronales Nuestra Señora del Rosario (octubre)

---

*No reconocidas por la Compañía de Turismo.

PICOS MAS ALTOS DE PUERTO RICO

Nombre	Altura aproximada		Municipio
	Metros	Pies	
1. Cerro de Punta	1,338	4,388	Jayuya-Ponce
2. Monte Jayuya	1,310	4,296	Jayuya-Ponce
3. Cerro Rosa	1,267	4,155	Jayuya-Ciales
4. Monte Piedra Blanca	1,240	4,067	Jayuya
5. Cerro Maravilla	1,210	3,968	Jayuya-Ponce
6. Los Tres Pichachos	1,205	3,952	Jayuya Ciales
7. Monte Guilarte	1,204	3,949	Adjuntas
8. Cerro Saliente	1,190	3,903	Jayuya
9. Cerro Silla de Calderón	1,150	3,772	Adjuntas
10. Monte Membrillo	1,100	3,608	Yauco
11. Cerro de Doña Juana	1,079	3,539	Orocovis
12. El Toro	1,074	3,522	Río Grande
13. El Yunque	1,065	3,493	Río Grande
14. Pico del Este	1,051	3,447	Ceiba-Naguabo
15. Cerrote de Peñuelas	1,044	3,424	Peñuelas

VIAS PRINCIPALES

RUTA	ORIGEN	DESTINO
PR-1	San Juan	Caguas, Cayey, Salinas, Santa Isabel, Ponce
PR-2	San Juan	Bayamón, Vega Alta, Vega Baja, Manatí, Arecibo, Hatillo, Camuy, Quebradillas, Aguadilla, Añasco, Mayagüez, Hormigueros, San Germán, Sabana Grande, Yauco, Guayanilla, Ponce
PR-3	San Juan	Carolina, Canóvanas, Río Grande, Luquillo, Fajardo, Ceiba, Naguabo, Humacao, Yabucoa, Maunabo, Patillas, Arroyo, Guayama, Salinas
PR-10	Ponce	Adjuntas, Utuado, Arecibo
PR-14	Ponce	Juana Díaz, Coamo, Aibonito, Cayey
PR-15	Guayama	Cayey
PR-22	San Juan	Bayamón, Toa Baja, Dorado, Vega Alta, Arecibo
PR-30	Caguas	Gurabo, Juncos, Las Piedras, Humacao
PR-31	Juncos	Naguabo
PR-52	San Juan	Caguas, Cayey, Salinas, Juana Díaz, Ponce
PR-100	Boquerón	Cabo Rojo, Hormigueros
PR-101	Boquerón	Lajas, San Germán
PR-102	Mayagüez	Cabo Rojo, San Germán, Sabana Grande
PR-103	Boquerón	Cabo Rojo, Hormigueros
PR-105	Mayaguez	Maricao
PR-106	Mayaguez	Las Marías
PR-107	Aguadilla	Base Ramey
PR-108	Mayaguez	Añasco, San Sebastián
PR-109	Añasco	San Sebastián
PR-110	Añasco	Moca, Base Ramey
PR-111	Aguadilla	Moca, San Sebastián, Lares, Utuado
PR-112	San Sebastian	Isabela
PR 113	Isabela	Quebradillas
PR-114	Mayaguez	Hormigueros, San Germán
PR-115	Anasco	Rincón, Aguada, Aguadilla
PR-116	Lajas	Ensenada, Guánica, Yauco
PR-117	Sabana Grande	Lajas
PR-119	San German	Maricao, Las Marías, San Sebastián, Camuy, Hatillo
PR-120	Sabana Grande	Maricao, Las Marías
PR-121	Sabana Grande	Yauco
PR-124	Las Marías	Lares
PR-125	Aguadilla	Moca
PR-127	Yauco	Guayanilla

GUIA DE CARRETERAS

RUTA	ORIGEN	DESTINO
PR-130	Arecibo-Lares	Hatillo
PR-132	Guayanilla	Peñuelas, Ponce
PR-135	Yauco-Lares	Adjuntas
PR-140	Adjuntas-Villalba	Jayuya, Florida, Barceloneta
PR-143	Adjuntas	Villalba, Barranquitas
PR-145	Ciales	Morovis
PR-146	Arecibo-Utuado	Ciales
PR-149	Juana Díaz	Villalba, Ciales, Manatí
PR-150	Villalba	Coamo
PR-152	Barranquitas	Naranjito
PR-153	Santa Isabel	Coamo
PR-155	Coamo	Orocovis, Morovis, Vega Baja
PR-156	Orocovis	Barranquitas, Comerío, Aguas Buenas, Caguas
PR-159	Morovis	Corozal
PR-160	Morovis	Vega Baja
PR-162	Cayey-Salinas	Aibonito, Barranquitas
PR-164	Corozal	Naranjito
PR-165	Naranjito	Toa Alta, Toa Baja, Dorado, Cataño, Buchanan
PR-167	Comerío	Naranjito, Bayamón, Cataño
PR-171	Cayey	Cidra
PR-172	Comerío	Cidra, Caguas
PR-173	Aibonito-Cayey	Cidra, Aguas Buenas
PR-174	Aguas Buenas	Bayamón
PR-175	Caguas-Guaynabo	Trujillo Alto
PR-176	Río Piedras	Cupey Alto
PR-181	Patillas	San Lorenzo, Gurabo, Trujillo Alto, Rio Piedras
PR-182	Patillas-San Lorenzo	Yabucoa
PR-183	Caguas	San Lorenzo, Las Piedras
PR-184	Patillas	Cayey
PR-185	Juncos	Canóvanas
PR-186	El Verde	Río Grande
PR-187	Loíza	Río Grande
PR-188	Canóvanas	Loíza
PR-189	Caguas	Gurabo, Juncos
PR-191	Naguabo-Juncos	El Yunque, Luquillo
PR-198	Juncos	Las Piedras, Humacao

Río Tanamá
Utuado, Puerto Rico
Alberto Osorio, Aventuras Tierra Adentro

Piscinas, Cueva Angeles
Lares, Puerto Rico
Alberto Osorio, Aventuras Tierra Adentro

Piedras Escrita, Los Morones
Utuado, Puerto Rico
Osvaldo García Goyco, Viajes Educativos Atlabeira

Playa en Bosque Seco
Guánica, Puerto Rico
Janís Palma

Quebrada Juan Diego
Bosque Nacional del Caribe
Río Grande
Alberto Osorio, Aventuras Tierra Adentro

Vista Panorámica Isla Caja de Muertos
Ponce, Puerto Rico
Jaime Negrón, Turisla de Puerto Rico

Parque de Bombas
Ponce
Jaime Negrón, Turisla de Puerto Rico

Faro Isla de Mona
Jaime Negrón, Turisla de Puerto Rico

Iglesia San Antonio de Padua
Guayama, Puerto Rico
Jaime Negrón, Turisla de Puerto Rico

Iglesia San Germán de Auxerre
San Germán, Puerto Rico
Janis Palma

Caída de Agua Río Usabón
Cañón de San Cristóbal, Barranquitas
Jaime Negrón, Turísla de Puerto Rico

Cascada La Mina
Bosque Nacional del Caribe
Río Grande
Alberto Osorio, Aventuras Tierra Adentro

Cascada La Barinoveña
Bosque Nacional del Caribe
Río Grande
Alberto Osorio, Aventuras Tierra Adentro

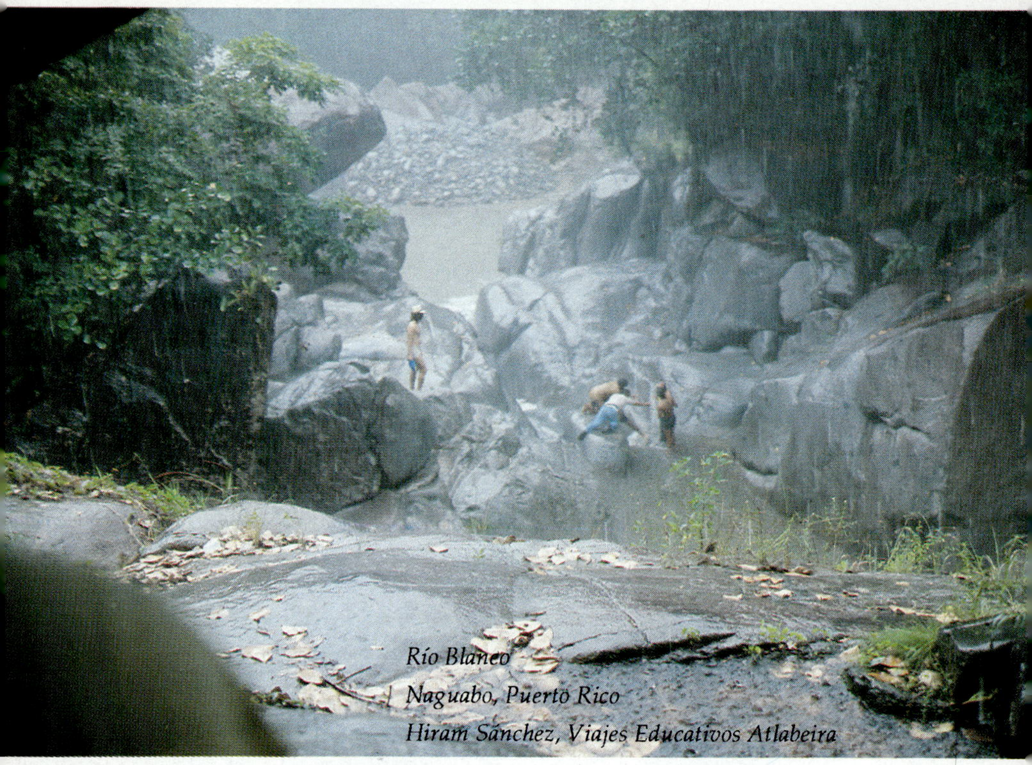

Río Blanco
Naguabo, Puerto Rico
Hiram Sánchez, Viajes Educativos Atlabeira

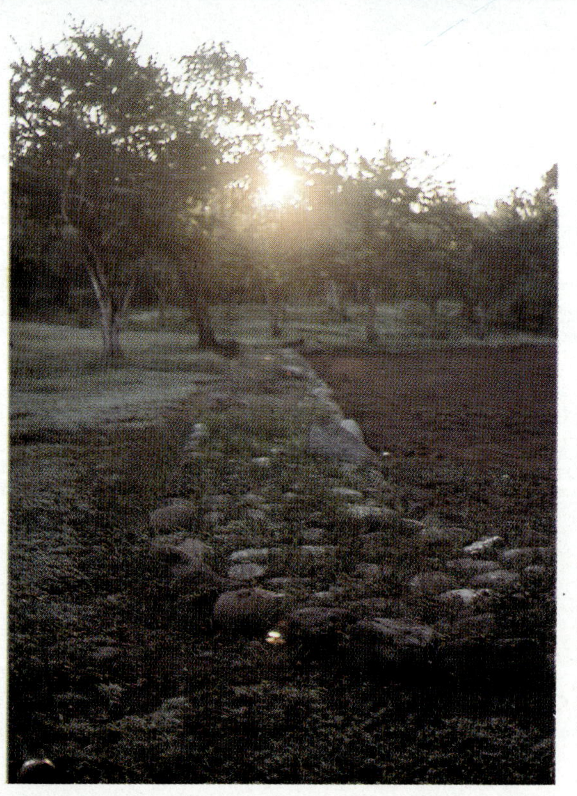

Salida del Sol en el equinoccio de primavera, vista desde la plaza de herradura en Tibes.
Cultura sub-taina
Ponce, Puerto Rico
Osvaldo García Goyco

*Formaciones de Eslelectites Eccentricas
Cueva Sorbetos, Arecibo
Osvaldo García Goyco, Viajes Educativos Atlabeira*

*Puesta del Sol detrás de la Montaña del Cemí. Solsticio
de verano vista desde Caguana, Utuado
Osvaldo García Goyco*

*l de Zama (Petroglifos)
a, Puerto Rico
do García Goyco,
s Educativos Atlabeira*

Acantilados, Isla de Mona
Jaime Negrón, Turisla de Puerto Rico

Atardecer en Vacía Talega
Piñones-Carolina-Loíza
Alberto Osorio, Aventuras Tierra Adentro

BILIOGRAFIA

1. CLASICOS DE PUERTO RICO, Ediciones Latinoamericanas, S.A. 1976.

2. ALMANAQUE PUERTORRIQUEÑO, José A. Toro Sugrañes. Editorial Edil, 1990.

3. CURIOSIDADES PUERTORRIQUEÑAS, José A. Toro Sugrañes. Editorial Edil, 1983.

4. BREVE HISTORIA DE PUERTO RICO, Loida Figueroa. Editorial Edil, 1979.

5. HISTORIA CRONOLOGICA DE PUERTO RICO, Federico Rives Tovar. Editorial Tres Américas, 1973.

6. HISTORIA DEL PUEBLO DE PUERTO RICO, Arturo Morales Carrión. Ediciones Huracán, 1986.

7. HISTORIA GENERAL DE PUERTO RICO, Fernando Picó. Ediciones Huracán, 1986.

8. HISTORIA DE PUERTO RICO, J.L. Vivas Maldonado. L.A. Publishing Co., España, 1978.

9. INVENTARIO DE RIOS, BOSQUES Y LAGOS, Departamento de Recursos Naturales. Oficina de Educación, Puerto Rico.

10. INFLUENCIAS MAYAS Y AZTECAS EN LOS TAINOS DE LAS ANTILLAS MAYORES, Osvaldo García Goyco. Ediciones Xibalbay, 1986.

11. LA GRAN ENCICLOPEDIA DE PUERTO RICO. Ediciones R. Madrid, 1976.

12. NUEVO ATLAS DE PUERTO RICO, José A. Toro Sugrañes. Editorial Edil, 1982.

13. PUEBLOS DE PUERTO RICO. La Biblioteca, Inc., Río Piedras, Puerto Rico, 1983.

14. PUERTO RICO DE A HASTA LA ZETA (A-Z). Ediciones Nauta S.A.. Barcelona, España, 1987.

15. PUERTO RICO EN EL MUNDO (ATLAS). Cultural Panamericana, Inc. San Juan, PR, 1989.

16. PUERTO RICO TIERRA ADENTRO Y MAR AFUERA, Fernando Picó & Carmen Rivera. Ediciones Huracán, 1991.

17. REVISTA IMAGEN. (Colección: Así es Puerto Rico). Casiano Comunicator Group, San Juan, Puerto Rico.